CEDÊNCIA DE TRABALHADORES

CÉLIA AFONSO REIS
Assistente Estagiária na Faculdade de Direito de Lisboa
e Jurista na Comissão do Mercado de Valores Mobiliários

CEDÊNCIA DE TRABALHADORES

ALMEDINA

COIMBRA — 2000

TÍTULO:	CEDÊNCIA DE TRABALHADORES
AUTORES:	CÉLIA AFONSO REIS
EDITOR:	LIVRARIA ALMEDINA – COIMBRA
DISTRIBUIDORES:	LIVRARIA ALMEDINA ARCO DE ALMEDINA, 15 TELEF. 239 851900 FAX 239 851901 www.almedina.net 3004-509 COIMBRA – PORTUGAL LIVRARIA ALMEDINA/PORTO R. DE CEUTA, 79 TELEF. 22 2059773 FAX 22 2039497 4050-191 PORTO – PORTUGAL EDIÇÕES GLOBO, LDA. R. S. FILIPE NERY, 37-A (AO RATO) TELEF. 21 3857619 FAX 21 3844661 1250-225 LISBOA – PORTUGAL
EXECUÇÃO GRÁFICA:	TIPOGRAFIA LOUSANENSE, LDA. – LOUSÃ
DATA:	JUNHO 2000
DEPÓSITO LEGAL:	150340/00

Toda a reprodução desta obra, seja por fotocópia ou outro qualquer processo, sem prévia autorização escrita do Editor, é ilícita e passível de procedimento judicial contra o infractor.

NOTA PRÉVIA

O presente estudo corresponde ao texto apresentado ao concurso para assistente estagiário na Faculdade de Direito da Universidade de Lisboa, em Outubro de 1998, discutido publicamente em Novembro daquele ano, perante um júri constituído pelos Professores Doutores António Marques dos Santos, Pedro Romano Martinez e Luís Pedro Lima Pinheiro.

Foram introduzidas no texto várias alterações, impostas pela nova redacção legal do Decreto-Lei n.º 358/89, de 17 de Outubro, introduzidas pela Lei n.º 146/99, de 1 de Setembro, que ditou a modificação das respostas dadas a algumas das questões que foram, desde logo, avançadas na versão original do trabalho.

Aproveito o ensejo desta publicação para expressar os meus agradecimentos às várias pessoas que contribuíram para a concretização desta investigação.

Ao Professor Doutor Fernando Borges Araújo e à Mestre Sofia Nascimento Rodrigues, pela sua apreciação crítica, pela sua constante disponibilidade para a discussão de ideias e pelo seu estímulo permanente, o meu muito obrigada.

Ao Mestre Abel Sequeira Ferreira, ao Dr. Alexandre Brandão da Veiga e ao Mestre Amadeu José Ferreira, que acompanharam – com as suas observações e a sua crítica rigorosa – e incentivaram a elaboração do presente estudo até ao último momento, uma palavra especial de reconhecimento, respeito e estima.

Ao Mestre Frederico da Costa Pinto, a minha gratidão por ter tornado possível a presente publicação.

Lisboa, Maio de 2000

MODO DE CITAR E ABREVIATURAS

As obras citam-se pelo autor, título (quando são citados artigos, indica-se o título do artigo e o título da revista onde foi publicado), local de publicação, editora, data e página. Nas referências subsequentes, indica-se o autor, o título abreviado e a página.

As disposições legais não acompanhadas da fonte correspondem a artigos do Decreto-Lei n.º 358/89, de 17 de Outubro, na redacção da Lei n.º 146/99, de 1 de Setembro.

As transcrições de texto encontram-se entre aspas.

A bibliografia, consultada e citada, consta do final do trabalho.

As abreviaturas utilizadas significam:

AAFDL – Associação Académica da Faculdade de Direito de Lisboa

Cfr. – Confrontar

Cit. – citado/a

CRP – Constituição da República Portuguesa

CSC – Código das Sociedades Comerciais (aprovado pelo Decreto-Lei n.º 262/86, de 2 de Setembro)

ETT – Empresa de Trabalho Temporário

FDUL – Faculdade de Direito da Universidade de Lisboa

IRCT – Instrumento de Regulamentação Colectiva do Trabalho

LCT – Lei do Contrato Individual de Trabalho (Decreto-Lei n.º 49 408, de 24 de Novembro de 1969)

LCCT – Lei da Cessação do Contrato de Trabalho (Decreto-Lei n.º 64-A/89, de 27 de Fevereiro)

LFFF – Lei das Férias, Feriados e Faltas (Decreto-Lei n.º 874/76, de 28 de Dezembro)

LIRCT – Lei dos Instrumentos de Regulamentação Colectiva do Trabalho (Decreto-Lei n.º 519-C1/79, de 29 de Dezembro)

ob. – obra

PE – Portaria de Extensão

PRT – Portaria de Regulamentação do Trabalho

INTRODUÇÃO

O presente trabalho visa analisar o regime jurídico da cedência de trabalhadores, tendo como base o disposto nos artigos 26.º a 30.º do Decreto-Lei n.º 358/89, de 17 de Outubro.

Movemo-nos, portanto, no âmbito do Direito do Trabalho, segmento especial de regulação jurídico-privada.

As realidades laborais que se afastam do esquema tradicional do contrato de trabalho têm merecido do Direito positivo português (à semelhança do que se tem verificado nos ordenamentos jurídicos europeus) reacções parcelares. Assim a cedência de trabalhadores. Aliás, não deixa de ser significativo que o Regime Jurídico do Contrato Individual de Trabalho não tenha ainda sido objecto de uma revisão global. Se a alteração da ordem jurídico-constitucional vigente até 1976 já o justificava, que dizer, então, dos novos conteúdos que as situações jurídicas laborais têm assumido neste derradeiro quarto de século? Foi prolixa a produção legislativa avulsa, mas não se procedeu a uma reforma global da lei, o que dá sempre azo a conflitos sistemáticos indesejáveis. É certo que o estigma politizante que atinge o Direito do Trabalho afecta a sedimentação de soluções e o tratamento global pelo legislador. Não cremos, contudo, que seja obstáculo insuperável ao tratamento dogmático deste ramo de Direito.

A evolução dos circunstancialismos fácticos que conformam a existência da relação laboral, *maxime* a industrialização, o desenvolvimento tecnológico e o consequente elevado nível de desemprego, exigiram do Direito positivo esquemas negociais de flexibilização da situação jurídica laboral. No segundo pós-guerra, mas com especial tónica depois da primeira crise petrolífera dos anos setenta, proliferaram nos diversos Estados normas que dificultavam a cessação do contrato de trabalho por iniciativa do empregador e que atribuíam direitos aos trabalhadores que tinham de ser garantidos por aquele. Entende-se que a simples mercadorização da força de trabalho é desumana, e que, por isso, merece um tratamento legislativo diverso dos demais factores de produção. Directamente conflituante com o interesse dos trabalhadores, encontra-se a liberdade económica do empregador. Surgiram, então, várias reformas legislativas que tentavam, de algum modo, alcançar soluções que convergissem num ponto de equilíbrio razoável no frágil quadro dos interesses em confronto. A cedência de trabalhadores é exemplo dessa tentativa de equilíbrio.

Elegemos a cedência de trabalhadores como objecto do nosso estudo pela sua importância teórica e prática.

Importância teórica porque, desde logo, o instituto apresenta contornos algo fluidos. Sendo que o legislador estatui como princípio geral do regime jurídico a proibição de cedência e, de seguida, consagra várias modalidades de cedência, urge determinar com o rigor possível os requisitos de licitude dessas modalidades, já que as normas que as consagram são excepcionais. Importa, portanto, a determinação dos limites de admissibilidade da cedência de trabalhadores. A produção doutrinária sobre a cedência de trabalhadores tem como característica fundamental comum, exactamente, a divergência quanto a este ponto. Igualmente a jurisprudência tem chegado a conclusões divergentes [1]. Além disso, a possibilidade de cedência de trabalhadores configura um

---

[1] A jurisprudência sobre cedência de trabalhadores posterior ao início de vigência do Decreto-Lei n.º 358/89 é, como se verá, escassíssima. A não coincidência das soluções a que os tribunais chegavam, nesta matéria, à luz da anterior regulamentação foi um dos motivos que conduziu o legislador a disciplinar a figura, como admite no preâmbulo do diploma em que o fez.

desvio ao modelo tradicional do contrato de trabalho, pelo que importa também averiguar em que medida tal possibilidade se conforma com a dogmática juslaboral.

No que respeita à importância prática, o nosso objecto de estudo comunga, inegavelmente, do relevo pragmático de qualquer área de regulação pelo Direito do Trabalho. A nossa estrutura económica assenta, ainda, fundamentalmente, no trabalho subordinado. Por isso, qualquer intervenção do legislador laboral tem consequências práticas imediatas para quem trabalha e para quem dá trabalho. Em especial, a cedência de trabalhadores apresenta a particularidade de consagrar um esquema que se afasta do modelo tradicional do contrato de trabalho. Consagrou-se um regime jurídico que permite esse afastamento, aspecto a que o trabalhador e o empregador passaram a atender no momento em que contratam.

Cingimos o nosso estudo à análise dos contornos de licitude da cedência de trabalhadores e à determinação da natureza jurídica da figura.

Na Parte I, partimos de um conceito de cedência, que antecipamos como meramente provisório, de modo a delimitar o conjunto de situações em análise. O princípio geral do regime jurídico da cedência de trabalhadores é a sua proibição, cujo âmbito tentaremos delimitar. De seguida, empreendemos a tentativa de delimitação dos requisitos de licitude de cada uma das modalidades de cedência de trabalhadores que a lei consagrou, sempre tendo presente que, como princípio geral do regime, o legislador estatuiu a proibição de cedência. Concluimos com a verificação do conceito de cedência que num primeiro momento antecipáramos, legitimada já pela análise do regime jurídico.

Foram nesta sequência instrumentos fundamentais a indagação do escopo prosseguido pelo legislador e a ponderação das consequências das decisões. Caso contrário, votaríamos ao ostracismo o momento fundamental, senão único, da realização do Direito – a solução do caso concreto. É o resultado da decisão concreta que sufraga ou inviabiliza os objectivos do legislador [2]. Por outro lado, guiou-nos a permanente tentativa de harmonização da figura da cedência com os princípios gerais que informam o Direito do Trabalho, chamando à interpretação das normas o segmento sistemático em que se inserem [3].

Na Parte II, partindo dos traços fundamentais do regime jurídico, indagámos a natureza jurídica da cedência. Mas a determinação dessa natureza jurídica acaba por ter um campo de actuação quase nulo ao nível da determinação dos requisitos de licitude da cedência, já que, quanto a este aspecto, o legislador laboral dotou a cedência de trabalhadores de um regime jurídico completo.

A doutrina tem avançado na tentativa da delimitação dos contornos de licitude e da natureza jurídica da cedência [4]. O presente trabalho insere-se nessa tendência.

---

[2] Como salienta MENEZES CORDEIRO, "Introdução à edição portuguesa" in CLAUS-WILHELM CANARIS, *Pensamento Sistemático e Conceito de Sistema na Ciência do Direito*, Fundação Calouste Gulbenkian, Lisboa, 1989, o pensamento sistemático reclamado por uma ciência jurídica clara e precisa, capaz de responder a uma realidade em permanente evolução apresenta como característica fundamental a ciberneticidade, "por atentar nas consequências de decisões que legitime, modificando-se e adaptando-se em função desses elementos periféricos" (p. CXIII).

[3] Atendendo à possibilidade de conviverem, lado a lado, regras aprovadas com objectivos diferentes, por vezes mesmo contraditórios, como sublinha MENEZES CORDEIRO, ob. cit., p. XXXI.

[4] Cfr. COUTINHO DE ABREU, "Grupos de sociedades e Direito do Trabalho", *Boletim da Faculdade de Direito da Universidade de Coimbra*, LXVI, Coimbra, 1990, pp. 124-149; DIAS COIMBRA, "Grupo societário em relação de domínio total e cedência ocasional de trabalhadores: atribuição de prestação salarial complementar", *Revista de Direito e Estudos Sociais*, ano XXXII, 1990, pp. 115-152; ABEL FERREIRA, *Grupos de Empresas e Direito do Trabalho*, dissertação de mestrado (inédita), FDUL, 1996, pp. 204-222; MARIA REGINA REDINHA, "Da cedência ocasional de trabalhadores", *Questões Laborais*, ano I, 1, 1994, pp. 16-23.

PARTE I

REGIME JURÍDICO DA CEDÊNCIA DE TRABALHADORES

CAPÍTULO I

PRINCÍPIO GERAL DE PROIBIÇÃO DA CEDÊNCIA

1. Delimitação conceptual da cedência de trabalhadores

A cedência de trabalhadores pode ser definida como a disponibilização de um trabalhador de uma empresa a outra, a cujo poder de direcção o trabalhador fica sujeito, sem prejuízo do vínculo contratual inicial.

É este o conceito a que o legislador recorre no n.º 1 do artigo 26.º, em que estatui o princípio geral da proibição de cedência.

Da análise do regime aplicável às modalidades de cedência que o legislador, excepcionalmente, consagra, podem retirar-se elementos no mesmo sentido. Com efeito, o artigo 20.º, que define o regime aplicável ao trabalhador durante o tempo em que a cedência perdura, por força da remissão operada pelo artigo 29.º [5], sujei-

---

[5] Não podemos deixar de criticar a opção do legislador ao fixar o regime aplicável durante o tempo em que a cedência perdura por mera remissão para o regime do trabalho temporário, que faz no artigo 29.º, ressalvando as "necessárias adaptações". Perdeu-se o ensejo para fixar uma disciplina jurídica completa para a cedência de trabalhadores. Melhor opção seria a autonomização do regime aplicável ao trabalhador cedido. O enquadramento sistemático do regime da cedência de trabalhadores, que não é o melhor (questão a que regressaremos no confronto entre as figuras da cedência e do trabalho temporário), terá influenciado esta opção.

ta-o ao regime de trabalho aplicável à empresa cessionária, nomeadamente no que respeita ao modo da prestação de trabalho. Pelo que se conclui que o trabalhador passa a executar a prestação laboral perante o cessionário [6]. Existe, portanto, a disponibilização de mão-de-obra ao serviço de uma entidade empregadora a outra.

A disponibilização desse trabalhador não implica a transferência global da posição jurídica activa do empregador cedente, mas apenas do poder de direcção, que passa a ser exercido pelo cessionário. É isso que resulta, desde logo, do n.º 1 do artigo 26.º: refere-se o exercício de poderes de autoridade e direcção próprios da entidade empregadora pelo cessionário, mas não o do poder disciplinar. A inclusão do poder disciplinar no conjunto dos poderes cedidos é frustrada pelo n.º 6 do artigo 20.º (aplicável por força da remissão operada pelo artigo 29.º), que expressamente o mantém na esfera jurídica do cedente [7].

---

[6] DIAS COIMBRA, "Grupo societário (...)" cit., p. 129, caracteriza a cedência como a situação em que "o trabalhador exerce actividade, predominantemente, na organização da cedente e só acidentalmente na unidade produtiva da utilizadora." Embora se anteveja aqui a tentativa de demarcação nítida entre a cedência e o trabalho temporário, em que o trabalhador não exerce qualquer actividade na organização empresarial do seu verdadeiro empregador - a empresa de trabalho temporário, o que se verifica é que, enquanto o contrato de cedência produz os seus efeitos (sendo esse o período que releva para os efeitos da definição), o trabalhador executa a sua prestação laboral exclusivamente na organização da empresa cessionária. A crítica é apontada por ABEL FERREIRA, *Grupos de Empresas e Direito do Trabalho* cit., p. 205.

[7] A opção não parece a melhor. Sendo o cessionário quem, no período em que a cedência produz os seus efeitos, dirige diariamente o trabalhador na execução da sua prestação, não parece facilmente exequível a hipótese de, em caso de falta do trabalhador, o cessionário ter de recorrer ao cedente para que sancione disciplinarmente o trabalhador. Sempre deveria o legislador manter na esfera do cedente o poder de aplicar sanções mais graves (*maxime* o despedimento), uma vez que é o cedente que tem o vínculo jurídico-laboral com o trabalhador, pelo que só ele poderá apreciar da justeza de aplicações de sanções motivadas já por uma alteração substancial da confiança que naquele depositava ou, em última instância, pela impossibilidade da subsistência da relação de trabalho. Mas talvez tivesse sido melhor solução transferir para o cessionário o poder de aplicação de sanções menos graves, até porque as faltas do trabalhador que as justifiquem serão cometidas na sua organização produtiva, sendo ele quem se encontra em melhores condições para

Princípio geral da proibição de cedência   17

Mantém-se, durante o período de cedência, o vínculo contratual entre o trabalhador e o empregador/cedente, que mantém o poder disciplinar e o poder de direcção quanto à determinação do cessionário e da duração da cedência [8]. Assim, resulta sempre da cedência do trabalhador uma cisão [9] na posição jurídica activa típica do empregador [10].

A cedência poderá igualmente implicar uma cisão da posição passiva típica do empregador. Implicá-lo-á sempre, pelo menos, no que respeita aos deveres que se configuram como correspectivos necessários do próprio exercício do poder de direcção, como o dever de urbanidade e o dever de proporcionar ao trabalhador boas condições de trabalho (deveres da entidade empregadora previstos, respectivamente, nas alíneas a) e c) do artigo 19.º da LCT). Já quanto ao dever de pagamento da retribuição, será a configuração de cada contrato de cedência em concreto que determinará quem o deve cumprir: o cedente ou o cessionário.

---

averiguar as circunstâncias e reunir as provas da infracção e apreciar a gravidade do comportamento e a adequação da sanção. Neste sentido, PAULA CAMANHO / MIGUEL CUNHA / SOFIA PAIS / PAULO VILARINHO, "Trabalho temporário", *Revista de Direito e Estudos Sociais*, ano VII da 2.ª Série, 1, 2 e 3, 1992, pp. 247-248.

[8] Se o cedente determinar o regresso do trabalhador em violação da duração do contrato de cedência celebrado com o cessionário, colocar-se-á o problema do ressarcimento deste último.

[9] Ou, segundo ALFRED HUECK - H. C. NIPPERDEY, *Compendio de Derecho del trabajo* (tradução), Editorial Revista de Derecho Privado, Madrid, 1963, p. 221, "as funções do empregador dividem-se entre cedente e utilizador."

[10] Como situações jurídicas principais que resultam para o empregador da celebração do contrato de trabalho, consideramos, do lado activo, o poder de direcção (n.º 1 do artigo 39.º e artigo 43.º da LCT), o poder regulamentar (n.º 2 do artigo 39.º da LCT) e o poder disciplinar (artigo 26.º da LCT) e, do lado passivo, o dever de pagamento da retribuição (artigos 82.º e seguintes da LCT). Este conteúdo da posição contratual do empregador resulta da própria noção de contrato de trabalho, plasmada no artigo 1.º da LCT e no artigo 1152.º do Código Civil. Assinale-se que MONTEIRO FERNANDES, *Direito do Trabalho* (10.ª edição), Almedina, Coimbra, 1998, pp. 238--239, entende que a situação jurídica activa que resulta para o empregador da celebração do contrato de trabalho é o poder de direcção, sendo o poder regulamentar e o poder disciplinar "desdobramentos" daquele primeiro.

A extensão da transferência das situações jurídicas passivas que integram o estatuto do trabalhador pode variar em cada situação de cedência. Por isso, entendemos que a cisão essencial, típica, que ocorre por força da cedência opera ao nível do poder de direcção, sendo esse o efeito fundamental daquele contrato. Daí o ênfase que colocamos na cisão do estatuto do empregador a este nível. Mas não pretendemos negar que ocorre, ou pode ocorrer, igualmente por força da cedência, a cisão do estatuto do empregador no que respeita a outras situações jurídicas.

O vínculo contratual inicial, entre o empregador e o trabalhador, mantém-se durante o período em que a cedência produz os seus efeitos, embora despojado de um dos seus elementos essenciais: o poder de direcção da prestação laboral, no que respeita ao modo e condições de trabalho. Quando terminar a cedência, a posição jurídica do empregador torna a integrar aquele poder, voltando a prestação laboral a ser desenvolvida perante o empregador e em subordinação jurídica a ele. Nas palavras de ALFRED HUECK – H. C. NIPPERDEY, "trata-se de uma transferência parcial da relação de trabalho, ou seja, especialmente, da cessão do direito à prestação de trabalho, ainda que seja temporariamente" [11].

Assim, as modalidades de cedência cujos regimes jurídicos analisaremos adiante são recondutíveis a este conceito unitário. Todas elas implicam uma cisão do estatuto do empregador/cedente, que fica despojado do seu poder de direcção, a exercer por terceiro sobre o trabalhador cedido, sem prejuízo da manutenção do vínculo contratual inicial.

A delimitação da figura da cedência nos termos que ficam expostos pode encontrar apoio nas decisões da jurisprudência sobre a matéria. Estas, porém, são escassas, e respeitam, quase integralmente, ao regime legal anterior ao Decreto-Lei n.º 358/89, em que inexistia qualquer regime jurídico próprio da cedência de trabalhadores, sendo a análise da sua licitude feita no quadro das normas gerais que conformam a relação laboral.

---

[11] ALFRED HUECK - H. C. NIPPERDEY, *Compendio* cit., p. 221.

Principío geral da proibição de cedência

O acórdão do Supremo Tribunal Administrativo de 11 de Junho de 1975 (o primeiro sobre cedência de trabalhadores), decidiu que "nada na nossa lei laboral proíbe que uma empresa autorize que trabalhadores seus vão prestar serviço a outra, com o acordo deles, continuando estes a pertencer aos seus quadros" [12]. Repare-se que o facto de o trabalhador *ir prestar serviço a outra empresa* pode não configurar uma situação de cedência, na medida em que o empregador pode, no âmbito do seu poder de direcção, determinar a tal o trabalhador, sem que isso implique a cedência deste último: o empregador pode determinar o trabalhador a executar a prestação laboral noutra empresa, sem que se verifique a situação de sujeição ao poder de autoridade e direcção desta última, ou seja, em cumprimento de mera prestação de serviço contratada entre o empregador e essa outra empresa.

Já o acórdão da Relação de Coimbra de 7 de Maio de 1985 procedeu mesmo a uma definição da figura da cedência. Designando o contrato em causa como "cessão de trabalho", definiu-o como o "contrato pelo qual um empresário autónomo cede, transitoriamente, um trabalhador com o qual celebrou um contrato de trabalho a outra empresa, de modo que, continuando a relação de trabalho com o primeiro, o trabalhador presta serviço ao cessionário sob as ordens deste" [13]. Avultam nesta definição os elementos da sujeição do trabalhador ao poder de direcção do cessionário e a manutenção do vínculo contratual inicial, que concluímos serem fundamentais na delimitação da figura que, quatro anos volvidos, o legislador decidiria regular.

O acórdão da Relação do Porto de 10 de Dezembro de 1986 explicita que a cedência de trabalhadores "implica a transferência ou delegação pela cedente à cessionária dos seus poderes de direcção e controlo dos trabalhadores cedidos" [14]. Coloca-se, assim, a tónica na cisão da posição jurídica do empregador, implicada pela cedência.

---

[12] In *Acórdãos Doutrinais do Supremo Tribunal Administrativo*, n.º 166, 1975, p. 1316.

[13] In *Acórdãos Doutrinais do Supremo Tribunal Administrativo*, n.º 293, 1986, p. 658.

[14] In *Colectânea de Jurisprudência*, ano XI, tomo V, 1986, p. 270.

As decisões jurisprudenciais sobre a cedência de trabalhadores, numa altura em que os contornos da figura não estavam, de modo algum, definidos (sendo a jurisprudência forçada a dar os primeiros passos nesse sentido), constituíram um impulso fundamental à regulamentação com que o legislador quis dotá-la em 1989, como reconhece no preâmbulo do diploma em causa. Perante a verificação do recurso cada vez mais frequente, pelos empregadores, à cedência, o legislador entendeu necessário delimitar exactamente os respectivos contornos de licitude. Fê-lo nas várias alíneas do n.º 2 do artigo 26.º, em que enumerou as várias modalidades de cedência lícitas. Mas o princípio geral de proibição que consagrou contraria a tendência jurisprudencial que antecede o regime jurídico.

2. Âmbito do princípio de proibição

Como princípio geral do regime, operativo para além das situações que expressamente previu como admissíveis, o legislador consagrou a proibição de cedência de trabalhadores. Fora das modalidades que a lei consagra, a cedência de trabalhadores é ilícita. Ou seja, fora dos estritos limites legalmente fixados, a disponibilização de um trabalhador de uma empresa a outra, a cujo poder de direcção o trabalhador fica sujeito, sem prejuízo do vínculo contratual inicial, é proibida.

O legislador assume, portanto, nesta sede, posição quanto à cedibilidade do crédito à prestação laboral. A possibilidade de esse crédito ser transferido para outra pessoa, mantendo-se, no entanto, o vínculo do trabalhador com o inicial empregador, é excepcional.

Foi a proibição o princípio geral que o legislador quis que informasse o regime jurídico. Pelo que as normas que consagram as modalidades de cedência têm de ser consideradas excepcionais, insusceptíveis de aplicação analógica, nos termos do artigo 11.º do Código Civil. E é assim porque a excepcionalidade das normas em causa é material, dado contrariarem o princípio geral deste sector

Princípio geral da proibição de cedência 21

da ordem jurídica (e não meramente formal, pelo simples facto de contrariarem outra norma), o que permite a qualificação de cada uma delas como *ius singulare*. Só a verificação da excepcionalidade substancial permite justificar a proibição de aplicação analógica da norma [15]. Donde resulta que, mesmo em situações análogas às que configuram as modalidades de cedência previstas no n.º 2 do artigo 26.º, a cedência não é lícita. Porque, havendo proibição de aplicação analógica de normas excepcionais, o intérprete há-de resolver a situação de acordo com o espírito do sistema, segundo o que lhe é imposto pelo n.º 3 do artigo 10.º do Código Civil, e, no caso, ao espírito do sistema preside a proibição da cedência. A lei faz, no n.º 2 do artigo 26.º, uma enumeração taxativa das situações em que a cedência de trabalhadores é lícita. Desrespeitados aqueles requisitos, a cedência será sempre proibida.

2.1. A alínea b) do n.º 2 do artigo 26.º, revogada pela Lei n.º 146/99 - uma falsa excepção ao princípio [16] [17]

Antes de avançar para a análise das modalidades de cedência e respectivos regimes jurídicos, não queremos deixar de afastar dessa análise a situação a que se referia a alínea b) do n.º 2 do artigo 26.º, pois entendemos que o legislador incluía aqui um grupo

---

[15] Como ensina OLIVEIRA ASCENSÃO, *O Direito - Introdução e Teoria Geral* (10.ª edição), Almedina, Coimbra, 1997, pp. 451-452.

[16] Como atrás afirmámos, optámos por introduzir no texto as alterações impostas pela redacção da Lei n.º 146/99, de 1 de Setembro. O inciso legal cuja análise em seguida se empreende foi entretanto revogado por aquele diploma. À luz da anterior redacção, entendíamos, como se verá, que este segmento normativo tinha merecido um errado enquadramento pelo legislador, pelo que optámos por não eliminar do texto esta análise, com o intuito de contribuir para a justificação da revogação, que veio a ter lugar.

[17] Era a seguinte a redacção da alínea b) do n.º 1 do artigo 26.º do Decreto-Lei n.º 358/89, antes da redacção introduzida pela Lei n.º 146/99: "2 – A proibição constante do número anterior não abrange: (...) b) Exercício de funções profissionais em instalações de terceiros, sem subordinação jurídica a esses terceiros, em execução de um contrato de prestação de serviços, em qualquer das suas modalidades."

de situações que não podia ser qualificado como de cedência de trabalhadores, por não ser recondutível ao conceito que resulta do próprio regime jurídico. Além desta intenção de exclusão, parece que a interpretação da norma configurava um contributo na delimitação do âmbito do princípio geral de proibição.

Como verificámos, no n.º 1 do artigo 26.º, o legislador proíbe a disponibilização de um trabalhador, pelo seu empregador, a um terceiro, que sobre ele exerça o poder de direcção, sem prejuízo do vínculo contratual inicial. Defendemos então que traço fundamental da figura é a cisão do estatuto típico do empregador, sendo que o poder de direcção se transfere, durante o período em que a cedência produz os seus efeitos, para a esfera jurídica do cessionário.

Ora, não é uma situação recondutível à descrita que o legislador pretendia permitir na alínea b) do n.º 2 do artigo 26.º. Vejamos porquê.

Note-se que a previsão da norma citada abrangia a execução pelo trabalhador de um contrato de prestação de serviço em instalações de terceiros.

A linha distintiva entre o contrato de prestação de serviço e o contrato de trabalho é ténue. O contrato de trabalho (pese embora a opção do legislador civil de contrapor aqueles dois tipos contratuais, como se verifica na relação entre os artigos 1152.º e 1154.º do Código Civil) poderia ter sido qualificado como um dos subtipos do primeiro [18], apresentando características muito semelhantes com o contrato de prestação de serviço. E a qualificação do contrato como de trabalho ou de prestação de serviço é essencial, pois que só o primeiro implica a aplicação do Direito do Trabalho, sendo ao segundo aplicáveis as regras do Direito Comum. Vários traços distintivos são apresentados pela doutrina.

Um dos critérios apontados para distinguir o contrato de trabalho do contrato de prestação de serviço é o facto de o primeiro

---

[18] MENEZES CORDEIRO, *Manual de Direito do Trabalho*, Almedina, Coimbra, 1997, p. 521; ROMANO MARTINEZ, *Direito do Trabalho (contrato de trabalho)*, volume II, Lisboa, 1998, p. 25.

Princípio geral da proibição de cedência 23

ser uma obrigação de meios ("Contrato de trabalho é aquele pelo qual uma pessoa se obriga (...) a prestar a sua actividade (...)" - artigo 1.º da LCT), ao passo que o segundo consiste numa obrigação de resultado ("Contrato de prestação de serviço é aquele em que uma das partes se obriga a proporcionar à outra certo resultado (...)" - artigo 1154.º do Código Civil). Mas são, em tese, configuráveis situações em que o prestador de um serviço tenha acordado com o credor da prestação a possibilidade de este último determinar alguns aspectos da prestação, ou em que o empregador coloque a cargo do trabalhador a obtenção de determinado resultado, o que permite concluir que nem sempre o critério apontado permite a qualificação de um contrato como de trabalho ou de prestação de serviço.

Outro critério a que a doutrina recorre para a distinção é a onerosidade, elemento obrigatório do contrato de trabalho ("(...) mediante retribuição (...)" - artigo 1.º da LCT) e elemento não obrigatório do contrato de prestação de serviço ("(...) com ou sem retribuição"- artigo 1154.º do Código Civil). Como facilmente se antevê, o critério não é operativo perante um contrato de prestação de serviço oneroso.

O critério que efectivamente permite qualificar determinada relação jurídica como contrato de trabalho ou contrato de prestação de serviço é a existência de *subordinação jurídica*, ou seja, a sujeição do trabalhador à hetero-determinação da sua prestação, pela entidade empregadora no exercício do seu poder de direcção. Estando em causa um contrato de prestação de serviço, não há subordinação jurídica do devedor ao credor. Nem sempre é fácil averiguar da existência de subordinação jurídica do devedor de uma prestação ao seu credor.

A subordinação jurídica traduz uma realidade cuja verificação constitui o passo conceptual anterior à aplicação de todo o Direito do Trabalho. A subordinação do trabalhador à autoridade e ao poder de direcção da entidade empregadora constitui o *quid* que justifica a aplicação de um regime jurídico especial face ao Direito das Obrigações. Não é objecto do Direito do Trabalho qualquer modalidade de exercício de uma actividade humana produtiva ou útil (embora quase todas sejam relevantes para o Direito, mas reguladas por outros segmentos do ordenamento jurídico), mas apenas o fenómeno do trabalho subordinado [19].

Embora a subordinação jurídica só possa ser verificada com base numa análise casuística, há certos indícios que podem ajudar o intérprete a indagar da sua existência. ROMANO MARTINEZ sumaria esses indícios: o local onde é prestada a actividade (tendencialmente, estar-se-á perante um contrato de trabalho quando o local onde o devedor da prestação desenvolve a sua actividade é propriedade do credor), a fixação do horário (sendo feita pelo credor da prestação, o contrato será de trabalho), a propriedade dos bens ou utensílios empregues no desenvolvimento da actividade (o facto de pertencerem ao credor da prestação indiciará a qualificação do contrato como laboral), a integração do devedor da prestação na organização produtiva da empresa [20].

O Decreto-Lei n.º 328/93, de 25 de Setembro, que tem como objecto o regime de Segurança Social a que estão sujeitos os trabalhadores independentes, enuncia, no n.º 2 do seu artigo 5.º, indícios a partir dos quais se presume o exercício não subordinado da actividade. Esta norma permite-nos extrair, *a contrario*, indícios da existência da subordinação jurídica. Os indícios decisivos são a "integração da actividade do trabalhador na estrutura do processo produtivo, na organização do trabalho ou na cadeia hierárquica de uma empresa" (alínea d) do preceito referido) e o facto de a actividade do trabalhador constituir "elemento não acidental na organização e no desenvolvimento dos objectivos da entidade empregadora" (alínea e) da mesma norma), na medida em que, verificando-se estes indícios, difícil será demonstrar que não existe

---

[19] MENEZES CORDEIRO, *Manual de Direito do Trabalho* cit., p. 17; MONTEIRO FERNANDES, *Direito do Trabalho* cit., pp. 12-13; LOBO XAVIER, *Curso de Direito do Trabalho* (2.ª edição com aditamento de actualização), Verbo, Lisboa, 1993, pp. 16-17.

[20] ROMANO MARTINEZ, *Direito do Trabalho (contrato de trabalho)* cit., p. 254.

Princípio geral da proibição de cedência   25

uma integração do trabalhador na empresa em subordinação ao seu chefe, na prossecução de uma finalidade deste. Na verificação destes indícios, proceder-se-á a um juízo de aproximação entre a situação concreta em análise e os traços típicos da subordinação jurídica [21].

Não deixando de reconhecer a possibilidade de afastar a qualificação como contrato de trabalho de uma relação jurídica em que se verifiquem estes indícios, julgamos essencial salientar que o próprio legislador decidiu eleger como critério para a distinção entre a actividade independente (prestação de serviço) e a actividade subordinada (trabalho) a subordinação jurídica.

Por isso, quando existe um contrato de prestação de serviço, quem o executa, seja o próprio devedor ou um seu representante, não está juridicamente subordinado ao credor. Quando o empregador ordena aos seus trabalhadores a execução da prestação laboral perante outra empresa, em execução de um contrato de prestação de serviço, aqueles não estão juridicamente subordinados a esta. Não há qualquer cisão do estatuto do empregador. O poder de direcção não passa a ser exercido pelo credor da prestação de serviço.

Assim, tem de se concluir que o legislador considerava como excepção ao princípio geral de proibição da cedência uma situação não recondutível a tal figura [22]. É que quando o empregador

---

[21] Acolhemos aqui a interpretação de ABEL FERREIRA, *Grupos de Empresas e Direito do Trabalho* cit., pp. 50-51. Com efeito, a integração da actividade do trabalhador no quadro empresarial como indispensável ao desenvolvimento da actividade económica do empresário nesse mesmo quadro indicia a subordinação desse trabalhador ao empresário em termos jurídicos, o que permitirá a qualificação do contrato que os adstringe como de trabalho. Sublinhe-se que esta interpretação não implica, como o autor assinala, a adopção de uma tese institucionalista quanto à origem do vínculo laboral. Esse vínculo assenta no contrato de trabalho. A integração na estrutura produtiva é apenas um indício que facilita a detecção da subordinação jurídica derivada do contrato, não a sua base.

[22] Neste sentido, DIAS COIMBRA, "Grupo societário (...)" cit., p. 125, nota 43 e MARIA REGINA REDINHA, "Da cedência ocasional de trabalhadores" cit., pp. 19-20, nota 13.

determina um seu trabalhador a desenvolver a sua prestação laboral perante uma entidade diversa, cumprindo assim o contrato de prestação de serviço que celebrou com esta última, não se estabelece qualquer relação de subordinação jurídica entre o trabalhador e o credor da prestação de serviço.

Três tipos de situações podiam ser subsumíveis à previsão da anterior alínea b) do n.º 2 do artigo 26.º.

Pode acontecer que a prestação laboral a que o trabalhador se obrigou no contrato que celebrou com o seu empregador consista, exactamente, na execução de tarefas em instalações que pertencem a empresa diferente da do seu empregador. Pense-se, por exemplo, no trabalhador A, cuja função, a que se obrigou no contrato de trabalho que celebrou com a empresa B, consiste na reparação de maquinaria nas instalações dos clientes da empresa B, ou seja, das empresas com quem B contrata a prestação do serviço de reparação. Nesta situação, a determinação de A à execução da sua prestação laboral nas instalações de um dos clientes de B nem sequer configura qualquer desvio ao programa contratual inicial. B, no exercício normal do seu poder de direcção, indica a A quais são as empresas perante as quais tem de prestar serviço.

Outra hipótese que se pode configurar traduz-se em a determinação do trabalhador ao exercício de funções nas instalações de terceiro já representar um desvio ao programa contratual inicial, porque o local de trabalho indicado ou as funções a exercer não são recondutíveis a esse programa. Estando em causa um desvio às condições da prestação laboral fixadas no contrato de trabalho, o empregador poderá alterar unilateralmente tais condições, se se verificarem os requisitos de exercício do *ius variandi* (fixados no n.º 7 do artigo 22.º da LCT). Este poder de o empregador conformar a prestação laboral de acordo com as suas necessidades permite-lhe, reunidos certos requisitos, alterar unilateralmente as condições em que se desenvolve a prestação laboral (a título temporário).

Finalmente, o empregador é livre de contratar uma prestação de serviço com terceiro e, de seguida, subcontratá-la com um seu

Princípio geral da proibição de cedência 27

trabalhador [23]. Essa liberdade resulta dos princípios de Direito Comum. Nesse quadro, os contraentes não são empregador e trabalhador enquanto tais, mas apenas dois sujeitos de Direito privado que subcontratam uma prestação de serviço. A situação transcende completamente, neste cenário, o âmbito do Direito do Trabalho [24].

Seja qual for o cenário que se configure, nunca estas situações implicam a cedência do trabalhador: este nunca fica sujeito ao exercício do poder de direcção pelo credor da prestação de serviço; o empregador mantém, mesmo ao longo do período de execução do contrato de prestação de serviço, intacta a sua posição contratual - não há qualquer cisão das situações jurídicas que tipicamente a compõem.

Concluimos, assim, que o legislador incluíra aqui uma figura insusceptível de recondução ao conceito de cedência cuja proibição estatuiu, que implica a transferência do poder de direcção do cedente para o cessionário. Assim, a exclusão do âmbito da proibição feita pela alínea b) do n.º 2 do artigo 26.º resultava inútil, porque nunca aquela situação seria abrangida no âmbito da proibição do n.º 1 do artigo 26.º. Inutilidade essa que, estamos em

---

[23] Para uma análise da figura do subcontrato, ver ROMANO MARTINEZ, *O Subcontrato*, Almedina, Coimbra, 1989. Sendo o contrato de prestação de serviço um contrato duradouro e *sine intuitu personae*, assume as características que permitem que a parte, sem se desvincular, transfira para terceiro as utilidades que dele aufere (ob. cit., p. 95). Situação diversa ocorre quando uma empresa que se dedica à contratação de trabalhadores transfere para outra, com base num subcontrato, a prestação laboral de um seu trabalhador. O contrato base seria o contrato de trabalho, e o subcontrato a cedência de trabalhadores. Sendo que a cedência só pode ter lugar mediante a verificação dos respectivos requisitos legais, esta é uma das situações que o autor indica como de utilização do subcontrato para "prosseguir um fim proibido pelo Direito" (ob. cit., p. 25).

[24] Não se pretende, com a alusão a esta possibilidade, abrir portas à fraude do regime do contrato de trabalho, admitindo que toda a actividade do trabalhador se desenvolva com base em subcontratos de prestação de serviço. Mas nada impede a configuração pontual de tal situação. Mais uma vez, o critério jurídico de distinção entre as duas figuras é a existência, ou não, de subordinação jurídica.

crer, veio a ser reconhecida pelo legislador, e terá motivado a revogação do preceito.

Quando muito, a norma podia ser entendida como uma reafirmação do princípio geral de proibição de cedência, contribuindo para a delimitação do âmbito dessa proibição. A proibição de cedência não abrange a execução de funções profissionais em instalações de terceiros, sem subordinação jurídica a estes, em execução de um contrato de prestação de serviço, exactamente porque essa situação não se integra nos limites da figura que, para proibir, o legislador delimitou. Ou seja, a proibição de cedência abrange a própria figura da cedência, tal como ficou delimitada, e não mais do que isso. Quando determinada deslocação da execução da prestação laboral para empresa estranha ao contrato de trabalho não implique a cedência do trabalhador (o que é dizer que não implique o exercício do poder de direcção por aquele terceiro), não há qualquer proibição.

Como foi enunciado, essa «deslocação» pode resultar do próprio contrato de trabalho, do exercício pelo empregador do seu *ius variandi* ou dum contrato de natureza não laboral. Mas, continuando o poder de direcção a ser exercido pelo empregador, não há qualquer cisão do estatuto deste último, não há cedência de trabalhadores, não há proibição legal. Essas situações hão-de ser, ou não, legitimadas pelos títulos que as justificam. Mas o regime jurídico da cedência não oferece, para elas, resposta.

CAPÍTULO II

MODALIDADES DE CEDÊNCIA

SECÇÃO I
CEDÊNCIA EM SITUAÇÃO DE FORMAÇÃO

A primeira situação em que o legislador permite a cedência de trabalhadores consta da alínea a) do n.º 2 do artigo 26.º. A previsão do preceito respeita a acções de formação, treino e aperfeiçoamento profissional e de aprendizagem.

1. Situações de formação profissional

O preceito engloba situações de formação profissional que podem apresentar alguns traços distintivos: as *acções de formação*, em que o trabalhador adquire novos conhecimentos, designadamente para fazer face às exigências técnicas decorrentes da própria evolução das condições de trabalho; o *treino*, em que o essencial não será a aquisição de novos conhecimentos, mas a aquisição de experiência numa área que o trabalhador já domina, ao menos em termos teóricos; o *aperfeiçoamento profissional*, em que o trabalhador desenvolverá os conhecimentos e as aptidões que já emprega usualmente no desenvolvimento da prestação laboral; e a *aprendizagem*, que será o momento inicial de formação do trabalhador para efeito de realização das tarefas a que se obrigou

30 *Cedência de trabalhadores*

em função da celebração do contrato de trabalho. Apesar das diferenças, consideramos todas estas situações como de *formação*, em sentido amplo: todas elas são formas de melhorar os conhecimentos e as aptidões do trabalhador, de modo a optimizar a prestação do trabalho. Não ignorando a diversidade de conteúdo que os vários tipos de formação podem revestir, essa diversidade não assume, na perspectiva que ora nos interessa, relevância, pois estando em causa uma das situações previstas na alínea a) do n.º 2 do artigo 26º, o regime jurídico ditará a mesma solução: o trabalhador pode ser cedido.

Realce-se que apenas estão contempladas situações de formação profissional contínua (na terminologia do Decreto-Lei n.º 401/91, de 16 de Outubro, que contém o regime jurídico da formação profissional), uma vez que o trabalhador já está inserido no mercado de emprego. A situação que nos ocupa é, precisamente, aquela em que o formando é um trabalhador, sendo que só aí se coloca a questão da possibilidade de cedência.

A formação profissional, processo de preparação do trabalhador para o exercício de uma actividade profissional (a definição é, mais uma vez, do n.º 1 do artigo 2.º do Decreto-Lei n.º 401/91), é uma exigência do mercado concorrencial em que as empresas actuam. Cada empresa encontra-se sujeita a fortes pressões para optimizar a produtividade e competitividade dos seus trabalhadores. Embora a lei considere a formação como um dever [25] do empregador, este tem todo o interesse nessa formação, pois estamos perante um factor essencial à competitividade da empresa e, em última análise, à sua própria sobrevivência.

Por outro lado, a formação profissional é igualmente um interesse do trabalhador, na medida em que prossegue a adequação

---

[25] O artigo 7.º do Decreto-Lei n.º 405/91, de 16 de Outubro, que regula a formação profissional no mercado de emprego, coloca a cargo das "empresas e outras entidades empregadoras" o dever de proporcionar aos seus trabalhadores a formação profissional requerida pelo processo de adaptação daqueles aos respectivos postos de trabalho, pela evolução da tecnologia, da organização ou gestão das próprias empresas e das aptidões dos trabalhadores.

Modalidades de cedência — cedência em situação de formação

entre ele e o posto de trabalho, a promoção da igualdade de trabalhadores e o fomento das próprias qualidades pessoais do trabalhador que se reflectem na prestação laboral, bem como a sua integração e realização socioprofissional (enunciadas, entre outras finalidades da formação profissional, no artigo 4.º do Decreto-Lei n.º 401/91). A formação é essencial para o trabalhador na concorrência da oferta de trabalho.

Mas, além de constituir um interesse das próprias partes no contrato de trabalho, a formação profissional é também um *interesse público*. Só assim se entende que a formação profissional dos trabalhadores seja um dever imposto por lei aos empregadores – ainda que não seja conveniente ao interesse do empregador prescindir da força de trabalho dos seus subordinados durante o período em que tem lugar a formação, ele está obrigado a promovê-la. Porque a formação e qualificação da força de trabalho é um interesse da economia nacional, um interesse que o próprio Estado está obrigado a prosseguir, nos termos da alínea c) do n.º 2 do artigo 58.º da CRP.

Estando obrigado a promover a formação dos seus trabalhadores, o empregador disporá, por vezes, dos meios necessários para lha proporcionar; outras, pela falta, quer de capacidade, quer de disponibilidade de quem, dentro da própria empresa, possa formar os trabalhadores, ver-se-á o empregador obrigado a recorrer aos serviços de terceiro que responda à necessidade de formação. O empregador, requerendo a formação dos seus trabalhadores, é credor da empresa formadora. A formação dada aos trabalhadores surge, portanto, como cumprimento de um contrato de prestação de serviço celebrado entre o empregador e o formador.

O âmbito da cedência consagrada na alínea a) do n.º 2 do artigo 26.º abrange este último tipo de situação. Quando no processo formativo intervém um terceiro, que não o empregador, a lei consagra a possibilidade de cedência do trabalhador/formando.

Não parece, contudo, admissível, que a simples formação do trabalhador por uma entidade que não seja o seu empregador legitime a cedência do trabalhador à entidade formadora. Não é essa a teleologia que subjaz à norma. Há que operar uma restrição das situações em que o trabalhador/formando pode ser cedido.

•

2. Instrumentalidade da cedência face à formação

Sendo a formação profissional prestada por uma entidade que não o empregador, a efectividade do processo formativo só pode ser garantida se o trabalhador estiver sujeito ao exercício do poder de direcção por parte da entidade formadora[26]. Sendo necessário concretizar a prestação que o trabalhador tem de executar em sede de formação profissional, não poderia ser admitida a dirigir essa concretização entidade diversa do próprio formador, nem se poderia permitir que o trabalhador se escusasse ao cumprimento do que lhe é ordenado directamente no âmbito da formação.

Foi tendo em vista estas situações que o legislador consagrou a cedência em situação de formação. O exercício do poder de direcção por entidade diversa do empregador, sem prejuízo da manutenção do vínculo inicial deste com o trabalhador, que o regime da cedência possibilita, é instrumento necessário para a efectivação do processo de formação.

---

[26] Nesta situação avultará o exercício do poder conformativo da prestação pelo formador. LOBO XAVIER, *Curso de Direito do Trabalho* cit., p. 325, refere que o poder de direcção comporta uma especificação da prestação laboral em dois níveis: 1) a atribuição da função ou posto de trabalho, no processo de organização e divisão do trabalho dentro da empresa, desde que se insira no tipo genérico de prestação convencionada que constitui o objecto do contrato de trabalho, que designa por "poder determinativo de função" (a exercer em obediência aos parâmetros previstos no artigo 43.º da LCT: a atenção pelas aptidões e pela formação profissional do trabalhador); 2) o exercício da faculdade de dar ordens, instruções e indicações para concretizar a prestação e adequá-la aos fins empresariais, que nomeia de "poder conformativo da prestação" (previsto no n.º 1 do artigo 39.º da LCT). Este último será o que assume relevo na hipótese de cedência em situação de formação, pois a determinação da função a exercer já resultará da própria situação de formação profissional em função da qual a licitude da cedência é admitida.

Modalidades de cedência — cedência em situação de formação   33

Mas esta consideração implica também uma delimitação negativa: só pode ser cedido o trabalhador *em formação* e quando a cedência seja *necessária à boa execução dessa formação*. Ou seja: por um lado, o trabalhador tem de se encontrar em efectivo processo de formação para o desenvolvimento da prestação laboral a que se obrigou perante o seu empregador [27]; por outro, o exercício do poder de direcção pelo formador tem de ser essencial ao bom termo do processo formativo [28].

Deste modo, o legislador consagrou a modalidade de cedência em situação de formação por a reconhecer como *instrumental* face à própria formação.

Operada a delimitação da admissibilidade de cedência nesta sede, sendo ela fixada pela instrumentalidade face à situação de formação em causa, surge como corolário a *natureza necessariamente temporária* desta modalidade de cedência. O legislador não balizou temporalmente a cedência em termos rígidos. A sua duração há-de decorrer da duração da situação de formação de que é instrumento.

De algum modo, esta possibilidade de cedência radica ainda, parcialmente, nos princípios gerais do cumprimento dos contratos (as partes estão obrigadas a proceder de boa fé no cumprimento das obrigações, como no exercício dos direitos correspondentes, nos termos do n.º 2 do artigo 762.º do Código Civil). Poderá entender-se que a cedência do trabalhador, como instrumento de realização da sua formação profissional, seria um desvio ao programa contratual inicial que o devedor da prestação laboral tem o dever de

---

[27] Não pode, portanto, ser cedido um trabalhador com base numa aparência de formação a que, de facto, não se procede.

[28] O que se acentuará nos casos em que o processo de formação encerre uma componente prática que se traduza na formação em situação de trabalho, em que o trabalhador é inserido em processos reais de trabalho. O n.º 5 do artigo 2.º do Decreto-Lei n.º 205/96, de 25 de Outubro (diploma de que consta o regime jurídico da aprendizagem) adianta uma definição de formação em situação de trabalho. Embora a definição seja realizada apenas para efeitos do diploma em causa, a hipótese que no preceito *supra* referido se configura pode integrar qualquer situação de formação profissional.

34 *Cedência de trabalhadores*

aceitar, sob pena de tornar inviável o bom cumprimento da obrigação principal a que está adstrito [29].

Mas a recondução desta hipótese de cedência de trabalhadores à obrigação do trabalhador de adaptar a sua prestação em função da evolução das próprias condições em que essa prestação se desenvolve, no interesse do credor, não é absoluta. Como sublinhámos, a formação profissional dos trabalhadores não é ditada única ou sequer preponderantemente pelo interesse do empregador [30]. A formação profissional é ditada principalmente por motivos de interesse público, que transcendem o restrito âmbito do contrato de trabalho. Mais do que viabilizar a adaptação da prestação laboral ao interesse do credor, o legislador reconheceu nesta sede uma possibilidade de cedência imposta pelo interesse da economia nacional na optimização da formação da sua mão-de-obra. Pelo que a teleologia desta modalidade de cedência transcende a faculdade do empregador de modelar a prestação laboral em ordem à satisfação dos seus interesses.

---

[29] Com efeito, a boa fé não contemporiza com o cumprimento formal do contrato. Não basta que, em termos meramente formais, o trabalhador execute as funções a que se obrigou pela celebração do contrato. Ao invés, a intervenção da boa fé como regra de conduta impõe a "concretização material dos escopos visados" (MENEZES CORDEIRO, *Da Boa Fé no Direito Civil*, Almedina, Coimbra, 1984, p. 649), o que implica que a prestação laboral, embora sempre dentro dos limites que resultam do próprio contrato, tenha de ser adaptada em função do interesse do credor. A boa fé enquanto regra de conduta encontra uma larga possibilidade de concretização no âmbito da prestação laboral, que é, por natureza, indeterminada. Na determinação das tarefas a executar e na sua execução, devem o empregador e o trabalhador agir de boa fé. Pelo que poderá entender-se que a imposição de certos desvios ao conjunto de condições normais de trabalho visando a formação profissional do trabalhador já seria, de algum modo, reconduzível ao dever do trabalhador de conformar a sua prestação em ordem a satisfazer o interesse do credor. A natureza duradoura do contrato de trabalho implica a adaptabilidade da prestação à evolução das circunstâncias exteriores que a conformam. O desenvolvimento da prestação laboral não é tolhido por qualquer tipo de imobilismo (antes assumindo uma natureza marcadamente dinâmica) a não ser o que resulta do respeito pelos limites do conteúdo do vínculo contratual.

[30] Caso contrário, não faria sentido que o legislador impusesse aos empregadores a formação profissional dos seus trabalhadores como um dever.

Modalidades de cedência — cedência em situação de formação

Assim, em conclusão, verificado o circunstancialismo que constitui a previsão da norma, nos termos acima expostos, é permitida a cedência de trabalhadores. Tendo lugar a formação do trabalhador por entidade diversa do seu empregador, a cedência é lícita quando o exercício do poder directivo por esse terceiro for essencial ao bom termo da formação.

SECÇÃO II
CEDÊNCIA EM AMBIENTE DE GRUPO

Na alínea b) do n.º 2 do artigo 26.º, o legislador delimita a segunda modalidade de cedência de trabalhadores que entendeu consagrar, enunciando três elementos distintos que constituem a previsão da norma.

Um dos elementos necessários desta modalidade de cedência respeita à natureza das relações entre cedente e cessionário: o legislador exige que sejam "empresas entre si associadas ou pertencentes a um mesmo agrupamento".

O segundo elemento refere-se ao tipo de trabalhador cedido: nesta modalidade de cedência só podem ser cedidos "quadros técnicos".

Finalmente, a admissibilidade da cedência nesta situação é ainda delimitada em razão das funções a exercer pelo trabalhador, durante o período em que a cedência produz os seus efeitos: o trabalhador cedido exercerá "funções de enquadramento ou técnicas, de elevado grau".

Desde logo, coloca-se-nos o problema da indeterminação dos conceitos a que o legislador recorreu para fixar os elementos da previsão. Avançamos, de seguida, na tentativa da concretização desses mesmos conceitos, em ordem a delimitar o âmbito da modalidade de cedência que o legislador consagrou na norma *supra* referida.

1. Empresas entre si associadas ou pertencentes a um mesmo agrupamento de empresas

Uma das dificuldades interpretativas da alínea b) do n.º 2 do artigo 26.º decorre da utilização da expressão "empresas entre si associadas ou pertencentes a um mesmo agrupamento de empresas", como âmbito de demarcação de licitude desta modalidade de cedência de trabalhadores. O legislador fixa este elemento da previsão sem dar ao intérprete - aplicador elementos mais precisos sobre os contornos da mesma.

Partilhamos, pois, de alguma forma, da surpresa expressivamente demonstrada por COUTINHO DE ABREU [31] quanto ao facto de o legislador não ter fornecido bases explicativas sobre o âmbito da previsão desta norma [32], sobretudo quando ela se destina a fixar uma excepção ao princípio geral de proibição.

1.1. A Empresa

A utilização de um conceito mais restrito do que o de empresa na definição do âmbito de aplicação das normas do Direito do Trabalho daria azo a desequilíbrios arbitrários, pois haveria uma limitação injustificada à aplicação deste ramo de regulação jurídico-privada. O empregador poderia, então, escolher uma forma de organização não recondutível ao conceito pelo qual o legislador tivesse optado, de modo a esquivar-se à aplicação das normas laborais. Por isso, o legislador utiliza recorrentemente o conceito de empresa, realidade sociológica unitária para cujo suporte jurídico concorrem normas de diversa natureza (civis, comerciais e laborais). O que não significa que o trabalho subordinado não se possa

---

[31] COUTINHO DE ABREU, "Grupos de sociedades e Direito do Trabalho" cit., pp. 139-141. De qualquer modo, estamos em crer que o espanto irónico perante a indeterminação da norma deve ser o ponto de partida para a tentativa, construtiva, de delimitação do âmbito da sua previsão.

[32] Verificando-se idêntica situação para a previsão da alínea b) do n.º 1 do artigo 27.º, como veremos adiante.

Modalidades de cedência — cedência em ambiente de grupo   39

desenvolver num quadro não empresarial [33], assim como a empresa pode prescindir do trabalho subordinado.

Não pretendemos aqui discutir o conceito de empresa.

Não será possível encontrar um conceito jurídico de empresa que seja operativo em todos os ramos de Direito. A definição jurídica dessa realidade sociológica variará em função do prisma pelo qual é observada. Nesta sede, cumpre apenas assinalar que a *empresa* assume grande relevância no Direito do Trabalho [34], porquanto o próprio regime legal pressupõe, via de regra, a execução da prestação laboral no seio de uma empresa, que, de facto, corresponde ao quadro de desenvolvimento da esmagadora maioria do trabalho subordinado. A empresa é determinante em vários segmentos de regulamentação legal [35].

Ficamos aqui com o conceito de empresa aceite por MENEZES CORDEIRO [36], segundo o qual a empresa é o "quadro no qual

---

[33] Como ocorre no caso do trabalho doméstico.

[34] LOBO XAVIER, *Curso de Direito do Trabalho* cit., chama a atenção para a relevância da empresa para o Direito do Trabalho, que tem sido destacada pela doutrina. O autor elenca várias áreas da regulamentação legal que pressupõem o conceito de empresa.

[35] A título meramente exemplificativo, enunciamos: a previsão do *ius variandi* do empregador, nos n.os 7 e 8 do artigo 22.º da LCT, que exige o "interesse da empresa"; a excepção ao princípio da irreversibilidade da categoria em função de "necessidades prementes da empresa", consagrada no artigo 23.º da LCT; o regime da suspensão do contrato de trabalho, constante do Decreto-Lei n.º 398/83, de 2 de Novembro, que admite como circunstância legitimadora do recurso ao *lay off (...)* ocorrências que tenham afectado gravemente a actividade normal da empresa" (nos termos do n.º 1 do artigo 5.º do diploma); a cessação de contratos de trabalho fundada em extinção de postos de trabalho por causas objectivas de ordem estrutural, tecnológica ou conjuntural relativas "à empresa", regulada pelos artigos 16.º a 33.º da LCCT. O empregador é o centro formal de imputação de situações jurídicas; a empresa é o quadro organizativo, que o empregador utiliza na prossecução de uma finalidade económica, em que se integra o desenvolvimento da relação laboral. E é a consideração das especialidades inerentes a esse quadro que fundamenta boa parte das soluções consagradas pelo Direito do Trabalho.

[36] MENEZES CORDEIRO, *Da Responsabilidade Civil dos Administradores das Sociedades Comerciais*, Lex, Lisboa, 1997, p. 509; a definição jurídica é proposta por YVONNE LAMBERT-FAIVRE, "L'enterprise et ses formes juridiques", *Revue Générale de Droit Commercial* XXI, 1968, pp. 947-948, conforme referência.

capital e trabalho são postos em acção por um chefe de empresa, com vista a um fim económico".

A empresa é, então, considerada como uma estrutura organizativa que serve de base ao desenvolvimento da actividade económica do empregador. O recurso à locução permite, assim, tornar aplicável o Direito do Trabalho a qualquer empregador, seja qual for a forma jurídica que assuma o quadro empresarial por ele dirigido [37]. Evitam-se limitações subjectivas injustificadas que decorressem do recurso a conceitos mais restritos (nomeadamente aos conceitos de sociedade ou de estabelecimento).

A noção de entidade empregadora foi progressivamente preterida a favor da de empresa. Motivo essencial dessa alteração foi a despersonalização que a evolução social impôs à relação laboral. Nas grandes sociedades, a identificação do empregador [38] desvanece-se perante a estrutura tecnocrática em que o trabalhador se integra [39]; a relação laboral já não pode ser vista como uma relação comunitário-pessoal [40]. Mas a noção de empresa não substitui a de empregador. Este último é que é o sujeito de Direito, o titular de situações jurídicas.

Assim, o legislador recorre à expressão *empresa* para abranger a estrutura organizativa que a entidade empregadora gere na prossecução da sua actividade económica, porque a consideração dessa estrutura é fundamental nas opções centrais do Direito do Trabalho. Mas só o empregador pode ser contraparte do cessio-

---

[37] Sobre as diferentes estruturas jurídicas que a empresa pode assumir, ver OLIVEIRA ASCENSÃO, *Direito Comercial – Parte Geral*, volume I, Lisboa, 1994, pp. 304 e seguintes.

[38] Referimo-nos aqui à identificação social do empregador pelo trabalhador, ou seja, à identificação das pessoas para as quais trabalha. Não pretendemos suscitar nesta sede qualquer problema de identificação jurídica ou determinação do empregador.

[39] Nas grandes empresas, é regra a não coincidência entre o empregador e o interlocutor do trabalhador, comummente um trabalhador de hierarquia superior que exerce, por delegação, o poder directivo cujo titular é o empregador.

[40] Neste sentido, MENEZES CORDEIRO, *Manual de Direito do Trabalho* cit., p. 520 e "Da situação jurídica laboral: perspectivas dogmáticas do Direito do Trabalho", *Revista da Ordem dos Advogados*, 1982, pp. 89-149.

Modalidades de cedência — cedência em ambiente de grupo   41

nário; a sua empresa não é sujeito de Direito, pelo que não pode celebrar negócios jurídicos.

1.2. Associação ou agrupamento

Quanto às relações entre as empresas relativamente às quais o legislador entendeu admitir a cedência de trabalhadores ("entre si associadas ou pertencentes a um mesmo agrupamento"), tem de se sublinhar que o legislador não recorreu à terminologia reconhecida no Direito Comercial. Poderia ter optado pela categoria de sociedades em relação de grupo, cujos contornos se encontram definidos na lei (a regulamentação legal consta dos artigos 488.º a 508.º do Código das Sociedades Comerciais), ou ao conceito mais lato de sociedades coligadas, que abrange outras categorias de associação societária, como se retira do artigo 482.º do Código das Sociedades Comerciais. Tendo possibilidade de recorrer a uma destas categorias, o legislador optou por consagrar na previsão da alínea b) do n.º 2 do artigo 26.º noções diversas, pelo que terá querido englobar na previsão da permissão de cedência realidades que ficariam excluídas se tivesse recorrido às categorias enunciadas.

Desde logo, pode concluir-se que, ao não utilizar o conceito de grupos de sociedades, o legislador não se quis conformar com a limitação subjectiva que daí decorreria, nomeadamente por a ter considerado injustificada: por um lado, porque um empresário pode recorrer a uma forma de organização empresarial que não seja a forma societária e, não obstante, valerem as mesmas razões na ponderação da possibilidade de ceder os seus trabalhadores; por outro, porque se a permissão de cedência só tivesse lugar existindo entre cedente e cessionário uma relação de grupo tal como é definida no Código das Sociedades Comerciais, ficariam de fora outros tipos de colaboração empresarial que justificarão a admissibilidade da cedência. O legislador laboral reconhece, assim, outras formas de cooperação jurídica interempresarial que, embora não recondutíveis à realidade puramente societária, relevam nas suas opções da regulamentação.

De qualquer modo, não haverá dúvidas quanto à subsunção à previsão da norma das sociedades em relação de grupo, seja essa relação de domínio total, inicial (artigo 488.º do CSC) ou superveniente (artigo 489.º do CSC), ou se desenvolva com base em contrato de grupo paritário (artigo 492.º do CSC) ou em contrato de subordinação (artigo 493.º do CSC). Se o legislador utiliza a expressão "pertencentes a um mesmo agrupamento de empresas", quis, com certeza, abranger estas hipóteses. O mesmo se diga em relação aos outros tipos de sociedades coligadas (grupo em sentido lato), ou seja, as sociedades em relação de simples participação, as sociedades em relação de participações recíprocas e as sociedades em relação de domínio (previstas nas alíneas a), b) e c) do artigo 482º do CSC) [41].

As possibilidades de licitude da cedência multiplicam-se na proporção do engenho jurídico com que os agentes económicos formam os seus grupos. As relações de grupo entre sociedades podem cumular-se. A cedência é lícita, desde que estejamos no âmbito do mesmo agrupamento. Será lícita, a título de exemplo, a cedência de quadro técnico entre a sociedade A, dominada totalmente pela sociedade B, e a sociedade C, com a qual B celebrou um contrato de grupo paritário.

---

[41] Não constitui objecto do presente trabalho a análise do regime jurídico dos grupos societários, bem como o das demais figuras que a seguir enunciaremos como subsumíveis à previsão da norma em análise. No que ao grupo de sociedades respeita, veja-se ENGRÁCIA ANTUNES, *Os Grupos de Sociedades – Estrutura e Organização Jurídica da Empresa Plurissocietária*, Almedina, Coimbra, 1993; BRITO CORREIA, "Grupos de Sociedades", in AAVV, *Novas Perspectivas do Direito Comercial*, Almedina, Coimbra, 1988, pp. 379-399; RAÚL VENTURA, *Novos Estudos sobre Sociedades Anónimas e Sociedades em Nome Colectivo*, Almedina, Coimbra, 1994, pp. 91-127. Para uma análise das implicações da presença do grupo societário no âmbito das relações laborais, veja-se DIAS COIMBRA, "Grupo societário (...)" cit., COUTINHO DE ABREU, "Grupo de sociedades e Direito do Trabalho" cit., ABEL FERREIRA, *Grupos de Empresas e Direito do Trabalho* cit. e LOBO XAVIER / FURTADO MARTINS, "Cessão de posição contratual laboral. Relevância dos grupos económicos. Regras de contagem da antiguidade.", *Revista de Direito e Estudos Sociais*, ano XXXVI (IX da 2.ª série), 4, 1994, pp. 369-427.

Modalidades de cedência — cedência em ambiente de grupo　　43

O reconhecimento da licitude da cedência de trabalhadores nas situações em análise pressupõe a inexistência de quaisquer dúvidas sobre a identificação do real empregador do trabalhador cedido [42]. A análise deste problema, cujo campo de expansão por excelência é o do grupos de empresas, dá-se por excluído do presente estudo [43].

Estando em causa um grupo societário, as grandes opções de gestão são feitas não apenas por cada empresa para si própria. As fundamentais opções estratégicas de uma empresa integrada num grupo não são condicionadas apenas por circunstâncias que a ela respeitam, mas sim pela observação dos factores que influenciam o desenvolvimento da actividade do grupo como um todo. O que é dizer: o grupo pode ser entendido e gerido como um todo.

Logo, um dos factores de produção que pode passar, como os demais, a ser gerido em termos globais é o trabalho. Ou seja, a prestação laboral passar a ser dirigida à satisfação dos *interesses do grupo*, e não apenas do interesse do empregador.

Do regime dos grupos de sociedades, que permite, em última instância, na relação de grupo baseada em contrato de subordinação, que a sociedade directora possa ditar instruções vinculantes

---

[42] Identificando a determinação do empregador real como área de estudo fundamental nas perturbações impostas nas situações jurídicas laborais pela presença dos grupos de empresas, ABEL FERREIRA, "Grupos de empresas e relações laborais (breve introdução ao tema)", in AAVV, *I Congresso Nacional do Direito do Trabalho*, Almedina, Coimbra, 1998, pp. 283-292. Em termos não limitados ao Direito do Trabalho, COUTINHO DE ABREU, *Da Empresarialidade (as Empresas no Direito)*, Almedina, Coimbra, 1996, sublinha a necessidade de um estudo autónomo sobre os grupos de empresas.

[43] Para uma análise exaustiva da questão da identificação do empregador real no âmbito do grupo de empresas, enunciando a subordinação jurídica como o critério de determinação (tal como se verifica quando o empregador não se insere em qualquer grupo), ver ABEL FERREIRA, *Grupos de Empresas e Direito do Trabalho* cit., pp. 145--181. O autor conclui pela reduzida operatividade do levantamento da personalidade jurídica do empregador imediato para resolver a questão (p. 173). Em geral, sobre o levantamento da personalidade jurídica para evitar o abuso da mesma pelas sociedades comerciais, veja-se OLIVEIRA ASCENSÃO, *Direito Comercial – Parte Geral* cit., pp. 472-487; MENEZES CORDEIRO, "Do levantamento da personalidade colectiva", *Direito e Justiça*, 1989/90, volume IV, pp. 147-161 e PEDRO CORDEIRO, *A Desconsideração da Personalidade Jurídica das Sociedades Comerciais*, AAFDL, Lisboa, 1989. Mais recentemente, cfr. MENEZES CORDEIRO, *O Levantamento da Personalidade Colectiva no Direito Civil e Comercial*, Almedina, Coimbra, 2000.

desvantajosas para a sociedade subordinada (nos termos do n.º 2 do artigo 503.º do CSC), resulta que o empresário integrado num grupo vê alterado o quadro em que desenvolve a sua actividade, pois tem de passar a atender a circunstâncias que transcendem a empresa individualmente considerada, mas que respeitam já ao próprio grupo.

A verificação desta especialidade terá sido o motivo fundamental que originou a consagração da modalidade de cedência entre grupos de empresas.

Trata-se de um nítido avanço do legislador laboral no sentido de reconhecer aos grupos de empresas (a forma de organização por excelência no crescimento do sistema económico-financeiro nacional), necessidades específicas de gestão global. À semelhança do que se tem verificado noutras áreas do ordenamento jurídico (*maxime* no Direito Comercial), a empresa e as vias de colaboração empresarial tornam-se cerne da regulamentação, numa tentativa de resposta a problemas autónomos. Naturalmente, também o Direito do Trabalho teria, mais cedo ou mais tarde, de ser afectado por esta realidade incontornável, já que delimita a utilização de um dos factores de produção que o chefe da empresa tem de gerir na prossecução dos seus fins económicos.

Mas o legislador não limitou a consagração da possibilidade de cedência à verificação de uma relação de grupo entre as empresas intervenientes no esquema negocial. Com efeito, a cedência é também permitida entre "empresas entre si associadas". Que tipo de associação cabe na previsão desta norma?

Cremos que a associação em causa há-de apresentar características especiais, em função das quais se permite a cedência. Essas características apresentarão similitudes com as que resultam da relação de grupo, existindo uma teleologia comum na consagração da licitude desta modalidade de cedência. Na linha do que afirmámos quanto ao grupo de empresas, entendemos que as situações de associação em causa na norma são situações em que a associação tem reflexos funcionais na gestão da própria empresa. A associação que pode legitimar a cedência não é meramente contratual; ela tem

Modalidades de cedência — cedência em ambiente de grupo

de produzir efeitos ao nível do próprio quadro organizativo que serve de base à prossecução da actividade económica do empregador. Porque só nestas situações há uma associação que apresenta uma natureza semelhante à do grupo: uma associação que produz efeitos funcionais na gestão da empresa [44].

Assim, como situações de associação entre as empresas que podem legitimar a cedência, indicamos a existência de um Agrupamento Complementar de Empresas ou de um Agrupamento Europeu de Interesse Económico [45].

As figuras do Agrupamento Complementar de Empresas (ACE) [46] e do Agrupamento Europeu de Interesse Económico (AEIE) [47] traduzem formas, legalmente reconhecidas, de colaboração empresarial.

Pela constituição de um ACE ou de um AEIE, prosseguem-se objectivos idênticos (sendo a diversidade essencial das duas figuras o facto de o AEIE permitir a colaboração empresarial entre pessoas de diferentes Estados-membros da União Europeia): a melhoria das condições de exercício ou de resultado das actividades económicas das partes que outorgaram na constituição do ACE ou do AEIE [48].

---

[44] ABEL FERREIRA, *Grupos de Empresas e Direito do Trabalho* cit., p. 211, entende que a norma permite a cedência "no quadro de relações empresariais fundadas em instrumentos jurídicos de natureza societária". Concordamos, pelo que expusemos, com a interpretação proposta, sendo que a *natureza societária* do instrumento jurídico se referirá aos efeitos que a associação produz, mais do que puramente contratuais.

[45] Figuras afins da dos grupos de sociedades, como refere BRITO CORREIA, "Grupos de sociedades" cit., p. 381.

[46] O Agrupamento complementar de empresas foi previsto pela Lei n.º 4/73, de 4 de Junho, constando a sua disciplina jurídica dessa lei e do Decreto-Lei n.º 430/73, de 25 de Agosto.

[47] O Agrupamento europeu de interesse económico foi previsto pelo Regulamento (CEE) n.º 2137/85, de 25 de Julho, constando a sua disciplina jurídica desse Regulamento, do Decreto-Lei n.º 148/90, de 9 de Maio e do Decreto-Lei n.º 2/91, de 5 de Janeiro (disposições sancionatórias).

[48] O ACE e o AEIE dispõem de uma capacidade jurídica própria, em função da personalidade jurídica que a lei lhes atribui. A subjectivação jurídica é o instrumento fundamental na prossecução dos respectivos objectivos, sendo o que os distingue de formas de cooperação empresarial meramente contratuais. Neste sentido, no que respeita ao AEIE, GUY HORSMANS (organização), *Les groupements d'intérêt économique*, Academie Bruylant, Bruxelas, 1991, pp. 12-13.

Existe, portanto, um grau de colaboração empresarial que se traduz na constituição de uma pessoa jurídica diferente da das partes.

São de incluir ainda na previsão da alínea b) do n.º 2 do artigo 26.º as relações desenvolvidas no âmbito dos contratos de consórcio [49] e de associação em participação, previstos no Decreto-Lei n.º 231/81, de 28 de Julho.

No consórcio, segundo o artigo 1.º do Decreto-Lei *supra* mencionado, as partes (pessoas singulares ou colectivas que exerçam uma actividade económica) obrigam-se entre si a, de forma concertada, realizar certa actividade ou efectuar certa contribuição para a prossecução de determinado objecto (a lei fixa um elenco de objectos possíveis – artigo 2.º). Já na associação em participação, há uma pessoa que se associa à actividade económica exercida por outra, ficando a primeira a participar nos lucros ou nos lucros e nas perdas desta última, nos termos do n.º 1 do artigo 21.º do mesmo diploma.

Quanto à admissibilidade da cedência entre sociedades vinculadas por um contrato de franquia [50], temos dúvidas. Com efeito, a franquia origina uma associação jurídica entre as partes. Mas já temos dúvidas em afirmar que essa associação tem reflexos funcionais na gestão das empresas intervenientes no contrato. Mesmo

---

[49] Sobre o contrato de consórcio, ver RAÚL VENTURA, "Primeiras notas sobre o contrato de consórcio", *Revista da Ordem dos Advogados*, 1981, volume III, pp. 615-690.

[50] Designação que a doutrina nacional acolheu para tradução do termo *franchising*. Consta do Regulamento (CEE) n.º 4087/88 uma definição do contrato de franquia como sendo o acordo pelo qual uma empresa, o franquiador, concede a outra, o franquiado, mediante uma contrapartida financeira directa ou indirecta, o direito de explorar uma franquia (definida na alínea a)), para efeitos de comercialização de determinados tipos de produtos ou serviços. Para uma análise do conteúdo do contrato de franquia, atípico na nossa ordem jurídica, veja-se HELENA MAGA-LHÃES BOLINA, "O direito à indemnização de clientela no contrato de franquia", *Revista Jurídica*, n.º 21, AAFDL, 1995, pp. 205-222; MENEZES CORDEIRO, "Do contrato de franquia («franchising»): autonomia privada *versus* tipicidade negocial", *Revista da Ordem dos Advogados*, ano 48, 1988, pp. 63-84 e CARLOS OLAVO, "O contrato de *franchising*", in AAVV, *Novas Perspectivas do Direito Comercial*, Almedina, Coimbra, 1988, p. 157-174.

Modalidades de cedência — cedência em ambiente de grupo   47

resultando do contrato o dever, para o franquiador, de auxiliar o franquiado no lançamento e desenvolvimento da actividade empresarial, e o dever, para o franquiado, de se submeter à fiscalização do franquiador [51], parece que o regime do contrato esgota os seus efeitos, ou seja, não resultam, daquele contrato, efeitos a nível de gestão da empresa. Por isso, entendemos que a alínea b) do n.º 2 do artigo 26.º não legitima a cedência de trabalhadores entre franquiador e franquiado.

Por último, ainda em relação à norma em análise, refira-se que o legislador não é rigoroso quando refere, na parte final do preceito, a cedência dos quadros técnicos "(...) de qualquer destas [de empresas entre si associadas ou pertencentes a um mesmo agrupamento] ou da sociedade de controlo." É que a expressão *sociedade de controlo* só teria cabimento para as situações em que, de algum modo, a associação ou pertença ao mesmo agrupamento implica a subordinação de uma das partes a outra, o que nem em todos os casos abrangidos na previsão da norma acontece. A expressão só encontraria aplicação na cedência entre sociedades em relação de domínio ou de grupo. Como vimos, é mais amplo o âmbito da modalidade de cedência fixada naquela norma.

2. Quadros técnicos

Os trabalhadores cuja cedência esta modalidade admite são *quadros técnicos*. Ou seja, não é a cedência de qualquer trabalhador entre empresas do mesmo grupo que encontra cobertura legal na alínea b) do n.º 2 do artigo 26º. A norma contém uma delimitação de natureza subjectiva.

O legislador não concretiza o que sejam quadros técnicos. Outras referências legislativas aos quadros técnicos poderão contribuir para a delimitação da figura.

---

[51] Para uma análise das situações jurídicas que tipicamente resultam para as partes da celebração do contrato de *franchising*, HELENA MAGALHÃES BOLINA, ob. cit., pp. 208-212, MENEZES CORDEIRO, ob. cit., pp. 76-78 e CARLOS OLAVO, ob. cit., pp. 164-168.

A utilização legal da locução *quadros técnicos* está sempre associada ao exercício de funções que implicam o domínio, por quem as executa, de técnicas especiais, que o comum da mão-de--obra não domina [52]. Os trabalhadores assim designados apresentam um elevado grau de especialização, face à generalidade dos trabalhadores, cujas funções não exigem o domínio desses especiais processos.

Assim, o legislador procede a uma delimitação categorial dos trabalhadores que podem ser cedidos entre grupos de empresas.

A qualidade mais comummente apontada ao conceito de *categoria* é a sua polissemia [53]. Utilizamos *categoria* como o círculo de funções que, pela celebração do contrato de trabalho, o trabalhador se obrigou a executar. A categoria representa, nesta acepção, o objecto da prestação de trabalho [54].

A categoria contratual é geralmente identificada pela referência a uma profissão-tipo [55]. É na concretização desse tipo, ou seja, na

---

[52] Nesse sentido, cfr., por exemplo, o Decreto-Lei n.º 875/76, de 29 de Dezembro e o Decreto-Lei n.º 525/77, de 29 de Dezembro, que contêm aspectos da disciplina jurídica dos "quadros técnicos de informática"; por seu turno, a Portaria n.º DD341/90, de 10 de Abril e a Portaria n.º DP1/91, de 16 de Agosto regulam a carreira profissional dos "quadros técnicos do Instituto Nacional de Pilotagem de Portos".

Cumpre ainda sublinhar que o Decreto-Lei n.º 81/98, de 2 de Abril, que define os benefícios aplicáveis à celebração de contratos de aquisição do capital social de uma empresa por parte dos quadros técnicos ou de trabalhadores, procede, no seu artigo 1.º, a uma nítida cisão entre quadros técnicos e trabalhadores, sendo que aqueles podem estar ou não vinculados à empresa. No regime da cedência de trabalhadores, ao invés, a previsão que respeita aos quadros técnicos pressupõe o seu vínculo laboral à empresa, pois só nesse caso se coloca a questão da admissibilidade da cedência.

[53] Nesse sentido, MENEZES CORDEIRO, *Manual de Direito do Trabalho* cit., p. 665; ROMANO MARTINEZ, *Direito do Trabalho (contrato de trabalho)* cit., p. 158; LOBO XAVIER, *Curso de Direito do Trabalho* cit., p. 319.

[54] Esta acepção de categoria é classificada por MENEZES CORDEIRO, *Manual de Direito do Trabalho* cit., p. 665, como "categoria-função". Como afirma ROMANO MARTINEZ, *Direito do Trabalho (contrato de trabalho)* cit., p. 160, "é o sentido objectivo do termo categoria".

[55] Pressupõe-se, como explica ROMANO MARTINEZ, *Direito do Trabalho (contrato de trabalho)* cit., p. 160, "a existência de um trabalhador padrão, paradigmático para aquela actividade."

Modalidades de cedência — cedência em ambiente de grupo   49

identificação dos traços fundamentais que caracterizam aquela profissão, que se delimita o conjunto de tarefas a cuja execução o empregador pode, no âmbito do normal exercício do seu poder de direcção, obrigar o trabalhador. A categoria indicada no contrato constitui, assim, "uma fórmula significante que descreve o conjunto de funções a que o trabalhador se obrigou"[56].

O fundamental traço individualizador deste *tipo*[57] de trabalhador é o domínio de um conjunto específico de processos de produção, que implica uma elevada especialização do trabalhador, apreciada sob duas perspectivas: a dos conhecimentos sobre esses processos e a da experiência que tem nesse mesmo âmbito. É a presença desta especial característica que permitirá a qualificação de um trabalhador, em concreto, como quadro técnico.

Repare-se que na qualificação de um trabalhador como quadro técnico assume grande relevo a consideração da categoria, em sentido subjectivo, do trabalhador[58]. Mas esse relevo da categoria subjectiva ocorre em qualquer contrato de trabalho, assumindo um carácter essencial a nível da motivação do empregador.

Assim, quem pode ser cedido entre empresas são trabalhadores que desempenham funções cuja execução pressupõe um elevado nível de especialização, pelo domínio de processos que o comum dos trabalhadores não controla.

---

[56] NUNES DE CARVALHO, *Das Carreiras Profissionais no Direito do Trabalho*, dissertação de mestrado (inédita), Faculdade de Direito da Universidade Católica Portuguesa, p. 78.

[57] Fazemos aqui apelo à noção de "tipo-figura" avançada por KARL LARENZ, *Metodologia da Ciência do Direito* (2.ª edição), Fundação Calouste Gulbenkian, Porto, 1989, p. 562, enquanto imagem que reúne os traços fundamentais que caracterizam determinada realidade. A noção de *quadros técnicos* corresponde a uma certa imagem, de apreensão global, enquadrada no contexto económico de cada sector.

[58] A categoria em sentido subjectivo traduz-se nas "qualidades ou aptidões específicas do trabalhador", segundo NUNES DE CARVALHO, *Das Carreiras Profissionais no Direito do Trabalho* cit., p. 88. Igualmente, MENEZES CORDEIRO, *Manual de Direito do Trabalho* cit., p. 665, denominando esta acepção de categoria de "categoria-habilitação", e ROMANO MARTINEZ, *Direito do Trabalho (contrato de trabalho)* cit., p. 159.

O pessoal mais especializado – os quadros técnicos - é precisamente o que apresenta maior índice de mobilidade [59] [60], em função dessa elevada qualificação.

O mercado de trabalho sente, o mais das vezes, dificuldades em conciliar a oferta e a procura a curto prazo. Esta dificuldade é frequentemente sentida em relação à mão-de-obra especializada [61]. No exercício deste tipo de função estão em causa aptidões especiais do trabalhador no exercício das suas funções que potenciam a dificuldade que as empresas sentem em encontrar resposta às suas necessidades de mão-de-obra neste plano [62].

3. Exercício de funções de enquadramento ou técnicas de elevado grau

Finalmente, o legislador faz ainda, dentro do círculo de quadros técnicos que podem ser cedidos entre empresas do mesmo grupo, uma delimitação de natureza funcional. Só podem ser cedidos quadros técnicos para o exercício de funções de enquadramento ou técnicas de elevado grau.

---

[59] Neste sentido, CAROLINA MARTÍNEZ MORENO, "La circulación de trabajadores entre las empresas de un mismo grupo y los derechos de antiguedad", *Revista Española de Derecho del Trabajo*, 51-56, 1992, p. 73.

[60] Conforme a indicação de PAULA CAMANHO / MIGUEL CUNHA / SOFIA PAIS / PAULO VILARINHO, "Trabalho temporário" cit., p. 236, nota 159, a previsão da cedência de quadros técnicos no elenco de situações em que é admissível o recurso ao trabalho temporário tem sido uma das reivindicações dos empregadores face ao Decreto-Lei n.º 358/89, o que denuncia a dificuldade dos empregadores de satisfazerem, autonomamente, as suas necessidades de mão-de-obra especializada. A exigência dos empregadores não foi satisfeita pela Lei n.º 146/99.

[61] PAULA CAMANHO / MIGUEL CUNHA / SOFIA PAIS / PAULO VILARINHO, "Trabalho temporário" cit., p. 176.

[62] LOBO XAVIER, *Curso de Direito do Trabalho* cit., p. 312, indica, entre os motivos que podem justificar a "transferência" de um trabalhador no seio de grupos de empresa, a intenção de "dotar a sociedade dos especialistas necessários ao desenvolvimento de novas actividades."

O sentido de funções técnicas já atrás ficou exposto. São, precisamente, aquelas cujo exercício permite a qualificação de um trabalhador como quadro técnico, ou seja, as que implicam o domínio de processos especiais de produção que a generalidade dos trabalhadores não domina.

As funções de enquadramento, por seu turno, respeitarão à coordenação de certas actividades. Ou seja, o trabalhador *enquadra* as actividades de outros trabalhadores, coordena-as, define orientações, sem prejuízo da subordinação ao empregador, que caracteriza o vínculo que os une.

Mas mesmo a execução deste tipo de função só legitima a cedência quando tais funções sejam de *elevado grau*, funções, portanto, de nível superior. Indício fundamental dessa elevação de funções será a integração do trabalhador na estrutura hierárquica da empresa cessionária, durante o tempo em que a cedência produz os seus efeitos. É a observação da posição hierárquica do trabalhador durante aquele período que constitui o indício fundamental da elevação das funções. Outro indício significativo poderá ser encontrado na retribuição que o trabalhador aufere durante a produção de efeitos da cedência: havendo uma relação de correspectividade entre a prestação de trabalho e a retribuição, existe uma conexão necessária entre "género, quantidade e qualidade do trabalho prestado e montante da remuneração"[63], pelo que a elevação da remuneração indicia igualmente a elevação das funções.

Essa elevação de funções não pode ser procurada em abstracto. A concretização do conceito há-de resultar do cotejo com a posição hierárquica e a remuneração que é comum, nas empresas, para aquele tipo de trabalhador. É por comparação ao nível genérico da profissão em causa que se concluirá pela elevação, ou não, das funções do trabalhador cedido.

Assim, o legislador criou um tratamento diferenciado, em sede de cedência, para os quadros técnicos que sejam cedidos para o

---

[63] NUNES DE CARVALHO, *Das Carreiras Profissionais no Direito do Trabalho* cit., p. 194.

exercício de funções de enquadramento ou técnicas de elevado grau, já que não estatuiu outros requisitos de licitude para a cedência. Não havendo regulamentação da cedência em IRCT, os demais trabalhadores só poderão ser cedidos mediante o seu acordo, como adiante veremos.

O tratamento é, realmente, desigual. Mas estamos em crer que a indiferenciação legal dos trabalhadores, sem o reconhecimento de que aqueles têm, em razão das suas capacidades, da sua qualificação e especialização, e das funções que executam, estatutos diferenciados, é um mito que mais cedo ou mais tarde cederá [64]. Com efeito, o trabalhador qualificado como quadro técnico assume, em princípio, um estatuto dentro da empresa, pelas funções que executa, diferente da mão-de-obra indiferenciada, que não tem um tão elevado grau de especialização. Resta saber se essa diferença de estatuto justificará em toda a medida esta solução.

Temos algumas dúvidas quanto à afirmação de que o diferente estatuto dos trabalhadores justifica, nesta sede, um diferente tratamento. Na perspectiva das entidades empregadoras, não será difícil admitir que o interesse na possibilidade de cedência de quadros técnicos independentemente do seu acordo se coloca com mais acuidade do que em relação à mão-de-obra indiferenciada, pela especial dificuldade de conjugar a oferta e a procura naquele segmento do mercado de trabalho. Mas, num plano objectivo, as razões que justificam a imposição desse sacrifício a um grupo de trabalhadores e não aos restantes não são fáceis de descortinar.

---

[64] Como afirma ABEL FERREIRA, *Grupos de Empresas e Direito do Trabalho* cit., p. 67, "a mistificada indiferenciação legal dos trabalhadores traduz-se numa situação de clara injustiça, e deve ser substituída por regulamentação que conceda tratamento igual ao que é idêntico e tratamento desigual onde razões objectivas o justifiquem, permitindo, através da diferenciação dos estatutos das diversas classes de trabalhadores, uma aproximação a princípios de justiça material mais adequados à situação concreta de cada grupo." ROMANO MARTINEZ, *Direito do Trabalho*, volume I, Lisboa, 1994, pp. 101-107, chama a atenção para a flexibilização da ideia de estatuto igualitário de todos os trabalhadores e para a necessidade de proceder a distinções, para cujo efeito enuncia vários critérios.

4. A *ratio* do preceito

Na análise dos elementos que constituem a previsão da norma colhe-se o espírito que informou o legislador ao consagrar esta modalidade de cedência.

Na norma em análise, a lei reconhece que a associação jurídica de natureza societária entre empresas, *maxime* o grupo de empresas, merece um tratamento especial em sede de cedência de trabalhadores, diverso do que é dado às empresas que isoladamente desenvolvem a sua actividade.

Mas, repare-se, o legislador não se limitou a considerar a associação de empresas como uma estrutura em cujo seio se permite a cedência de trabalhadores. Mais do que isso, delimitou o âmbito objectivo da cedência – o ambiente de grupo – recorrendo a um critério subjectivo (a cedência só abrange quadros técnicos) e a um critério funcional (a cedência tem como finalidade o exercício de funções de enquadramento ou técnicas, de elevado grau).

O grupo de empresas é uma unidade estratégica e de gestão [65]. Gestão essa que tem como objecto, entre outros factores de produção, o trabalho. Pelo que o empresário/empregador, uma vez integrado num grupo, conta com um quadro empresarial que não tem como limites a sua própria empresa, mas também factores que a transcendem. Reconhece-se, assim, a importância do grupo de empresas enquanto projecto englobador.

Reconhecendo essa alteração do quadro empresarial em que o empregador desenvolve a sua actividade económica, o legislador entendeu permitir que a mão-de-obra mais especializada circulasse dentro desse quadro, quando fosse reclamada a sua presença para o exercício de funções de elevado grau. Estamos perante a mesma flexibilização do modelo tradicional das leis laborais [66], que em

---

[65] Essa unidade visa, através da colaboração, trazer uma mais valia à actividade desenvolvida por cada uma das empresas que a forma.

[66] O modelo tradicional do contrato de trabalho, também por vezes designado por relação de trabalho típica, tem como características a duração indeterminada, e a sua execução a tempo inteiro, num local de trabalho e em proveito do próprio

54 *Cedência de trabalhadores*

tantos segmentos do Direito do Trabalho tem vindo a ser reivindicada [68]. Permite-se que a actividade daqueles trabalhadores seja aproveitada por outras empresas do grupo em que o empregador se insere [69], sem que, no entanto, seja estabelecido um vínculo laboral com essas empresas. O trabalhador mantém o seu contrato de trabalho inicial com o empregador.

Desta forma, em relação à mão-de-obra mais especializada, de maior índice de mobilidade e cujo recrutamento é mais difícil, o legislador consagrou um instrumento de gestão empresarial especial para os empregadores inseridos em grupos. Considerou-se que a inserção no grupo implica uma alteração no quadro empresarial que produz efeitos. Desenvolvendo o empregador pertencente a um grupo a sua actividade num quadro empresarial mais amplo do que aquele de que o empregador isolado dispõe, entendeu o legislador

---

empregador (PAULA CAMANHO / MIGUEL CUNHA / SOFIA PAIS / PAULO VILARINHO, "Trabalho temporário" cit., p. 180). Preferimos a designação da relação laboral com estas características como *tradicional*, em vez de *típica*, pois em termos técnicos, também o contrato de trabalho a termo ou o contrato de trabalho temporário são típicos, isto é, a lei fixa-lhes um regime jurídico.

[67] Para uma análise das circunstâncias que têm forçado os Governos a reconhecerem as necessidades de flexibilização das leis laborais, ver PAULA CAMANHO / MIGUEL CUNHA / SOFIA PAIS / PAULO VILARINHO, "Trabalho temporário" cit., pp. 172-174. A análise é feita na perspectiva do enquadramento social do surgimento do trabalho temporário, mas o argumento da dificuldade de equilíbrio entre a oferta e a procura no mercado de trabalho serve igualmente à justificação da permissão da cedência de trabalhadores.

[68] A cedência não é a única forma jurídica que reveste a «circulação» de trabalhadores entre empresas do mesmo grupo. Essa circulação pode assumir várias formas, como alertam LOBO XAVIER / FURTADO MARTINS, "Cessão de posição contratual (...)" cit., pp. 403-404. O trabalhador pode exercer funções em várias empresas de um agrupamento, sucessivamente, com base em contratos de trabalho celebrados com cada uma delas ou sempre com base no mesmo contrato, sendo que o empregador cede, sucessivamente, a sua posição contratual. Nestas situações não há qualquer cisão do estatuto do empregador, nem a manutenção do vínculo contratual ao empregador inicial. Numa análise da implicação do exercício sucessivo de funções em empresas do mesmo grupo no cômputo da antiguidade do trabalhador, CAROLINA MARTÍNEZ MORENO, "La circulación de trabajadores (...)" cit., pp. 73 e seguintes.

Modalidades de cedência — cedência em ambiente de grupo

permitir-lhe, neste âmbito, que aproveitasse as potencialidades desse quadro empresarial.

A consagração desta modalidade de cedência traduz, assim, a assunção de uma posição pelo legislador: a de que a presença de grupos de empresas justifica soluções especiais no âmbito das relações laborais. Eventualmente, noutros segmentos do Direito do Trabalho, o legislador optará, no futuro, por consagrar soluções ditadas pela presença dos grupos. Não está incluída no objecto do presente trabalho esta discussão. Apenas constatamos que, no que a esta modalidade de cedência de trabalhadores respeita, a solução excepcional da sua admissibilidade foi ditada em função da presença do grupo.

Cumpre ainda sublinhar que, não obstante o legislador não impor à cedência em ambiente de grupo qualquer tipo de delimitação temporal, sempre a cedência se há-de configurar como *temporária*. A transitoriedade é corolário do regime jurídico desta modalidade de cedência. Com efeito, ao consagrar a possibilidade de cedência dos quadros técnicos, para desempenho de funções de enquadramento ou técnicas de elevado grau, dentro das empresas do grupo, não foi intenção do legislador permitir, por esta via, uma cisão permanente da posição jurídica típica do empregador, mas sim facultar a sua circulação pelas empresas, durante o tempo que for necessário à execução das tarefas cuja viabilização tornou necessária a cedência. A própria elevação de grau das funções a exercer em resultado da cedência sugere a transitoriedade. Caso contrário, o legislador teria legitimado a manutenção indefinida da cisão do estatuto do empregador, configurando-se, entre trabalhador e cessionário uma relação que equivaleria ao normal desenvolvimento de um contrato de trabalho. Ora, a transferência definitiva da prestação laboral pode ser viabilizada por outros instrumentos jurídicos, já que os problemas suscitados pela mobilidade dos trabalhadores dentro dos grupos de empresas não se resumem à possibilidade de cedência de trabalhadores. Nada impede as empresas do grupo de recorrerem aos instrumentos jurídicos à sua disposição para viabilizar a mobilidade dos trabalhadores dentro do grupo, designadamente a cessão da posição contratual no contrato de trabalho, ou a mera revogação, por mútuo acordo, de um contrato com vista à celebração de um novo, com uma outra empresa do grupo (que já não o inicial empregador) [69].

A duração da cedência em ambiente de grupo é incerta, na medida em que as circunstâncias concretas em cada grupo determinarão uma duração diversa para cada situação de cedência, conforme as necessidades a que pretenda dar resposta. Mas, pela própria natureza da previsão, a cedência é temporária. O legislador não dá ao intérprete qualquer critério que permita balizar a possível duração da cedência. Entendemos que o regime do contrato de trabalho a termo nos pode ajudar na determinação dessa baliza. No regime do contrato a termo, o legislador, não obstante reconhecer e permitir a satisfação de necessidades puramente transitórias de mão-de-obra, fixa um prazo máximo para a duração do contrato – três anos, nos termos do n.º 2 do artigo 44.º da LCCT. Do mesmo modo, a situação de cedência, por natureza temporária, poderá ser limitada com recurso a este prazo, avançando-se assim a nível da certeza da situação do trabalhador. Porque também o regime da cedência tem em vista a satisfação de necessidades meramente transitórias.

---

[69] Neste tipo de situação, avultam problemas como o do cômputo da antiguidade do trabalhador. Para a análise deste problema, CAROLINA MARTÍNEZ MORENO, "La circulación de trabajadores (...)" cit.. Será de reconhecer a categoria de *antiguidade dentro do grupo*? Colocando a questão, G. H. CAMERLYNCK, *Droit du Travail* (13.ª edição), Dalloz, Paris, 1986, p. 36. Para uma análise do problema face a um caso concreto que constituiu objecto de arestos dos nossos tribunais, ver LOBO XAVIER / FURTADO MARTINS, "Cessão de posição (...)" cit., pp. 404-413. Concluem os autores que a "lógica da personalização e da autonomia jurídica e patrimonial" só deverá ser afastada quando motivos excepcionais o imponham, pelo que a antiguidade é, em princípio, computada quanto à pertinência do trabalhador em relação a cada empresa, como a lei impõe.

SECÇÃO III

CEDÊNCIA OCASIONAL

SUBSECÇÃO I

A OCASIONALIDADE

Na alínea c) do n.º 2 do artigo 26.º, o legislador consagrou a modalidade de *cedência ocasional de trabalhadores*, que se reparte em duas sub-modalidades: a *regulada em instrumentos de regulamentação colectiva do trabalho* e a que ocorra *nos termos dos artigos 27.º e seguintes*. Quanto a esta última modalidade, o artigo 27.º regula os requisitos de licitude que tem de cumprir, o artigo 28.º regula a forma do contrato e o artigo 30.º estabelece uma consequência especial para o recurso ilícito àquela modalidade de cedência.

É neste ponto que deparamos, pois, com a regulamentação da *cedência ocasional de trabalhadores*. A cedência surge como ocasional por força de imposição do legislador. O que é dizer que a cedência consagrada nesta norma, para ser lícita, há-de ser *elemento não habitual, acidental, eventual, excepcional no quadro do desenvolvimento normal da relação individual de trabalho em cumprimento do programa contratual inicial*.

Assim, a transferência do poder de direcção para um terceiro é algo que transcende o programa contratual acordado entre trabalhador e empregador, e que só excepcionalmente ocorrerá.

58 *Cedência de trabalhadores*

Nas modalidades de cedência cujos regimes legais até agora analisámos – em situação de formação e em ambiente de grupo, o legislador não faz este tipo de limitação à cedência. A cedência não se configura como ocasional. Tal não significa que, por oposição à noção de ocasionalidade que deixámos exposta, o trabalhador seja contratado para ser cedido, isto é, a cedência se torne o próprio escopo do contrato de trabalho. Porque essa situação traduziria uma violação ao regime, rígido, do trabalho temporário. Mas a diferença permanece. Quanto àquelas situações, a cedência do trabalhador pode não ser algo de puramente excepcional no desenvolvimento do contrato de trabalho. Ou seja, desde o início do período de vigência da regulamentação que constitui o objecto do presente estudo, a possibilidade de cedência nas situações previstas nas alíneas a) e b) do n.º 2 do artigo 26.º passou a integrar o conteúdo do contrato de trabalho celebrado por qualquer trabalhador abrangido pelo âmbito de aplicação da norma.

Assim, qualquer trabalhador pode ser cedido para fins de formação. Bem como os quadros técnicos cujo empregador seja uma empresa integrada num grupo ou numa associação podem ser cedidos. A estas situações o legislador não fez nenhuma imposição de ocasionalidade.

Na cedência em situação de formação, a qualificação da cedência como ocasional poderia vir a pôr em causa a efectivação dos processos formativos necessários à boa execução da prestação laboral. Podem ser configuradas prestações laborais cujo conteúdo imponha uma formação assídua do trabalhador [70]. Se a possibilidade de cedência estivesse coarctada pela sua qualificação legal como ocasional, a formação face à qual a cedência seja instrumental estaria também limitada. Por isso, o legislador optou por não limitar, por esta via, a cedência em situação de formação. Naturalmente, a não qualificação da cedência como ocasional não implica

---

[70] Um exemplo de trabalhador que necessita de formação com uma frequência algo regular será o técnico informático: o ritmo da evolução das tecnologias com que trabalha, e a constante desadequação de procedimentos mais antigos, exige do trabalhador um atento acompanhamento dessa evolução.

Modalidades de cedência — cedência ocasional

que tal situação se torne o normal desenvolvimento do contrato de trabalho, pois a formação do trabalhador, de que a cedência é instrumento, não é, do mesmo modo, o normal desenvolvimento do contrato de trabalho.

Quanto à cedência em ambiente de grupo, igualmente o legislador não impõe que ela seja ocasional. Como defendemos, a lei consagra um regime especial para os empregadores que desenvolvem a sua actividade no quadro empresarial de grupo, permitindo que essas empresas cedam entre si os seus quadros técnicos, para o exercício de funções de enquadramento ou técnicas de elevado grau, pelos motivos que atrás deixámos enunciados. Assim, um trabalhador que seja quadro técnico, celebrando um contrato de trabalho com uma empresa integrada num grupo, fica sujeito a ser cedido às outras empresas do grupo para o exercício das funções referidas. E nada na lei impõe que essa cedência ocorra a título meramente ocasional, excepcional, acidental.

Também no que a esta última modalidade de cedência respeita, da sua não limitação pela imposição de ocasionalidade não decorre, no extremo oposto, a configuração como permissão de que o objecto do contrato de trabalho seja a cedência, ou seja, que o trabalhador seja contratado com o fundamental escopo da cedência. Porque aí, como afirmámos, haveria uma situação de trabalho temporário não autorizado.

Pelo exposto, entendemos que a cedência ocasional se limita às duas modalidades consagradas na alínea c) do n.º 2 do artigo 26.º: a cedência ocasional regulada em IRCT e a cedência ocasional com o acordo do trabalhador, regulada pelos artigos 27.º e seguintes[71].

A ocasionalidade da cedência não pode ser afastada pelo contrato de trabalho nem por instrumento de regulamentação colectiva. É a própria lei que, na norma em análise, limita a autonomia das partes nos instrumentos normativos referidos, impondo em qualquer caso a ocasionalidade da cedência. Não pode, portanto,

---

[71] A opção terminológica será justificada adiante, mediante a análise do regime jurídico desta modalidade de cedência.

acordar-se que determinado trabalhador será cedido regularmente. Porque essa permissão, sem qualquer tipo de limitação derivado do elenco legal (que inexiste) de situações que podem, nestes casos, justificar o recurso à cedência, tornaria fluida a fronteira entre esta situação e a de trabalho temporário, confusão que o legislador quis manifestamente evitar.

O requisito da ocasionalidade impõe que, para determinar a licitude da cedência de um determinado trabalhador, tenha de se ter em conta não só o contrato de cedência em causa, mas também a progressão da relação laboral, globalmente considerada. Ou seja, o carácter excepcional da cedência só poderá ser aferido à luz da observação, por um lado, das circunstâncias que fundamentam a cedência e, por outro, do lugar que a cedência tenha já ocupado no desenvolvimento da prestação laboral daquele trabalhador [72].

Concluimos, desta forma, que, não obstante a epígrafe do Capítulo III do Decreto-Lei n.º 358/89, "cedência ocasional de trabalhadores", as normas do Capítulo regulam mais do que a epígrafe promete. A cedência ocasional de trabalhadores compreende apenas duas das modalidades de cedência que o legislador consagrou. As demais não foram assim nomeadas. O conteúdo da epígrafe devia ser diverso, sob pena de induzir em erro o intérprete, que pode ser tentado a aplicar às outras modalidades de cedência o regime jurídico da cedência ocasional.

Percebe-se, de algum modo, a opção do legislador. Com efeito, seria a cedência ocasional não regulada em instrumento de regulamentação colectiva do trabalho a exigir-lhe um regime jurídico mais aturado. A lei fixa-lhe requisitos de substância e requisitos de forma, além de que retira da sua utilização ilícita uma consequência especial. Por isso, entende-se que o legislador tenha sucumbido à tentação de nomear o todo pela parte. Mas não cremos que tenha sido a melhor opção.

---

[72] Pode concluir-se que o trabalhador já foi cedido várias vezes ou durante muito tempo, o que indiciará, em princípio, que está a ser violado o requisito de ocasionalidade que o legislador impõe.

Modalidades de cedência — cedência ocasional 61

Como corolário do carácter ocasional da cedência surge a sua natureza forçosamente *temporária*. Se o exercício de funções perante o cessionário e em subordinação jurídica a ele é elemento acidental no normal desenvolvimento do contrato de trabalho, não poderá tal exercício ter uma duração ilimitada, sob pena de se frustrar a ocasionalidade imposta pelo regime jurídico.

O legislador não dá qualquer critério para delimitar a duração da cedência, a não ser a consideração daquela como ocasional.

A dificuldade na concretização deste conceito indeterminado é manifesta: o legislador não indica nenhum critério que permita balizar a licitude da cedência em termos da sua duração. O acórdão do Supremo Tribunal de Justiça de 24 de Janeiro de 1990 refere o "poder da entidade patronal ceder *temporariamente* a sua mão-de--obra"[73]. Não indica, todavia, quaisquer critérios materiais para a concretização do conceito.

Dificuldades da mesma ordem são colocadas noutros sectores do ordenamento jurídico-laboral. Pense-se, por exemplo, no *ius variandi*, poder que o legislador atribui ao empregador mediante a imposição de vários requisitos, sendo um deles que o trabalhador seja apenas "*temporariamente* encarregado de serviços não compreendidos no objecto do contrato", nos termos do n.º 7 do artigo 22.º da LCT. A delimitação do que seja *temporariamente* suscita obstáculos equivalentes àqueles com que agora nos deparamos.

Desde logo, sublinhe-se que o contrato de cedência não tem de prever limites temporais exactos para a mesma. O Supremo Tribunal de Justiça, em acórdão de 11 de Novembro de 1997 (Processo n.º 261/96 – 4.ª Secção) manifestou-se pela validade da "cedência ocasional do trabalhador em que não tenha sido determinada a duração da mesma", pois que o artigo 280º do Código Civil "apenas sanciona os negócios jurídicos de objecto indeterminável, e não os de objecto indeterminado". A jurisprudência não tem, no

---

[73] In *Acórdão Doutrinais do Supremo Tribunal Administrativo*, n.º 347, 1990, p. 1435.

62 *Cedência de trabalhadores*

âmbito da cedência, avançado no sentido da delimitação temporal, ainda que meramente indicativa.

MARIA REGINA REDINHA [74] faz operar, na determinação objectiva do carácter temporário, critérios como as causas do concreto recurso à cedência, a qualificação do trabalho prestado (como normal ou extraordinário) na perspectiva do cessionário, e a integração do trabalhador na organização hierárquica e funcional do cessionário.

Da lei não resultam balizas rígidas para a delimitação temporal da cedência. Duvidamos do acerto desta opção do legislador. É certo que a imposição de limites rígidos poderá contender com princípios de justiça material que imponham, no caso concreto, o seu excesso. Mas o valor da segurança jurídica deveria, segundo cremos, impor nesta sede a indicação de um limite temporal máximo, que evitaria que o intérprete-aplicador do Direito fosse remetido, na apreciação desse carácter temporário, para um processo de análise meramente casuístico. Pelo que remetemos aqui para o que afirmámos quanto à duração da cedência em ambiente de grupo: a utilização do limite máximo do contrato de trabalho a termo para limitar a duração máxima da cedência traduz um avanço ao nível da certeza da situação do trabalhador [75].

---

[74] MARIA REGINA REDINHA, "Da cedência ocasional de trabalhadores" cit., p. 22.

[75] O projecto de Lei n.º 542/VII, do Partido Comunista Português, em discussão na Assembleia da República na altura em que o presente texto foi elaborado, indicava como "condição de licitude" da "cedência de trabalhadores que não esteja abrangida pelas alíneas a), b) e c) do n.º 2 do Decreto-Lei n.º 358/89" que a sua duração não exceda "um ano, renovável por iguais períodos até ao limite máximo de cinco anos de cedência." Da aprovação de uma norma com este teor decorreria um acréscimo de certeza no que às expectativas do trabalhador respeita. Mas a proposta não encontrou eco na redacção da Lei n.º 146/99.

SUBSECÇÃO II

CEDÊNCIA OCASIONAL REGULADA EM IRCT

O legislador consagra, como primeira sub-modalidade da cedência ocasional de trabalhadores, a regulada em instrumentos de regulamentação colectiva do trabalho.

Embora o legislador não faça qualquer distinção baseada no tipo de instrumento de regulamentação colectiva do trabalho [76] em que a cedência ocasional esteja regulada, a alínea c) do n.º 2 do artigo 26.º terá especialmente em vista os instrumentos em que há uma verdadeira manifestação de vontade dos respectivos destinatários, ou seja, as situações em que a regulamentação colectiva se faz pela via negocial, e não pela via administrativa, possibilidade que a lei reconhece, em termos genéricos, no n.º 2 do artigo 2.º da LIRCT. Isto porque quando a regulamentação colectiva é feita por via administrativa (através de Portaria de Extensão ou de Portaria de Regulamentação do Trabalho - formas de regulamentação em que a autonomia colectiva é preterida [77], previstas, respectivamente, nos artigos 29.º e 36.º a 40.º da LIRCT) não se verifica o fenómeno de *auto-regulamentação* que será o fundamento que

---

[76] O regime legal da regulamentação colectiva é fixado pelo Decreto-Lei n.º 519--C1/79, de 29 de Dezembro (LIRCT).

[77] Se as Portarias de Extensão encerram ainda alguma autonomia negocial, na medida em que o Governo se limita a estender uma regulamentação constante de convenção colectiva ou decisão arbitral, as Portarias de Regulamentação do Trabalho já são fontes exclusivamente preparadas e dimanadas pelo Governo.

conduziu o legislador a consagrar a excepção da alínea c) do n.º 2 do artigo 26.º[78]. Terá o legislador entendido que, quando os representantes dos trabalhadores e dos empregadores acordam, em sede de negociação colectiva, os moldes em que há-de ter lugar a cedência ocasional de trabalhadores, não fará sentido que a lei coloque obstáculos a que a cedência se efective, pois a auto-regulamentação de interesses legitima-a.

De qualquer modo, o legislador não distinguiu. Possivelmente, entendeu que, nas situações em que não é possível o recurso à via negocial na regulamentação colectiva, seria a própria intervenção administrativa a legitimar a cedência, pois o próprio Estado se encarregaria de acautelar os interesses das partes na determinação das situações em que a cedência ocasional poderia ter lugar, ou do regime a aplicar no período em que produzisse os seus efeitos, substituindo-se aos representantes das partes em tal tarefa. Assim, a permissão de cedência regulada em instrumento de regulamentação colectiva deverá operar sempre, qualquer que seja o tipo de instrumento em causa. Os trabalhadores a quem o instrumento de regulamentação colectiva em causa seja aplicável[79] ficam sujeitos à cedência regulada em tais termos.

O legislador reconhece aqui plena legitimidade às partes na regulamentação colectiva do trabalho para regularem os termos da cedência ocasional. Ou seja, ao passo que nas alíneas a) e b) do n.º 2 do artigo 26.º o legislador delimitou as modalidades de

---

[78] Para uma análise do processo genético e do regime legal das PEs e das PRTs, veja-se MENEZES CORDEIRO, *Manual de Direito do Trabalho* cit., pp. 343--351 e ROMANO MARTINEZ, *Direito do Trabalho*, volume II, Lisboa, 1994, pp. 122-128.

[79] O âmbito pessoal dos instrumentos de regulamentação colectiva do trabalho é regulado quanto às convenções colectivas pelos artigos 7.º, 8.º e 9.º da LIRCT (e ainda pelo artigo 28.º, quando exista a adesão a convenção colectiva anteriormente celebrada), e pelo n.º 1 do artigo 29.º do mesmo diploma no que respeita às Portarias de Extensão. O âmbito das PRTs será fixado por cada Portaria, verificados os requisitos do recurso a esta via de regulamentação, previstos no n.º 1 do artigo 36.º da LIRCT.

Modalidades de cedência — cedência ocasional

cedência de trabalhadores em razão dos critérios que noutro momento indicámos, na alínea c) do mesmo preceito prescindiu em absoluto dessa limitação, deixando plena liberdade às partes na negociação colectiva para definirem os termos da cedência, com a exclusiva limitação de que seja ocasional e, em consequência, temporária [80].

---

[80] As partes na negociação colectiva têm, portanto, liberdade na conformação dos termos da cedência e na delimitação das situações em que ela pode ocorrer. MARIA REGINA REDINHA, "A mobilidade interempresarial na contratação colectiva", *Questões Laborais*, ano III, 8, 1996, p. 158, indica uma situação (cláusula 21.ª do Contrato Colectivo de Trabalho para a construção civil e obras públicas, publicado no Boletim do Trabalho e do Emprego, 1.ª série, 8, em 28 de Fevereiro de 1995) em que os representantes dos trabalhadores e dos empregadores consagraram a cedência ocasional como modo de evitar o despedimento colectivo ou por motivos económicos ou estruturais.

SUBSECÇÃO III

CEDÊNCIA OCASIONAL COM O ACORDO
DO TRABALHADOR

Esta segunda sub-modalidade da cedência ocasional é a que o legislador tratou de um modo mais desenvolvido.

Não encontrando determinada situação de cedência cobertura legal numa das modalidades que antes analisámos, a sua licitude será aferida face aos requisitos que a lei fixa para a cedência com o acordo do trabalhador. Ou seja, não sendo recondutível às hipóteses de cedência em situação de formação, em ambiente de grupo, ou ocasional regulada em instrumento de regulamentação colectiva, só será lícita se se encontrarem preenchidos os requisitos de licitude fixados nos artigos 27.º e 28.º.

Além de fixar os requisitos materiais de licitude desta modalidade de cedência, no artigo 27.º, o legislador estatuiu também, no artigo 28.º, requisitos de forma para o contrato de cedência (o que não acontece para qualquer outra das modalidades que já analisámos). Finalmente, a lei comina o recurso à cedência ocasional em desrespeito pelos requisitos de licitude (substanciais e formais) com a concessão, ao trabalhador, do direito de optar pela integração no efectivo da empresa cessionária, no regime de contrato de trabalho sem termo. Aos requisitos de admissbilidade desta modalidade de cedência ocasional o legislador dedicou, desta forma, maior atenção do que fizera em relação às outras modalidades de cedência.

É à análise destes requisitos que em seguida procedemos.

68 *Cedência de trabalhadores*

1. Requisitos substanciais de licitude

Como atrás afirmámos, a ocasionalidade é requisito de licitude desta modalidade de cedência, bem como o seu carácter temporário. Tais requisitos são comuns às duas modalidades de cedência ocasional que o legislador consagra: a cedência ocasional regulada em IRCT e a cedência ocasional mediante o acordo do trabalhador. Passamos agora à análise dos requisitos substanciais de licitude específicos apenas desta última modalidade de cedência.

1.1. Vinculação do trabalhador ao cedente por contrato de trabalho sem termo

O primeiro requisito de licitude que o legislador estatui para esta modalidade de cedência, na alínea a) do n.º 1 do artigo 27.º, é a vinculação do trabalhador à entidade empregadora por contrato sem termo.

Deste modo, o legislador afastou a possibilidade de ser cedido ocasionalmente, mesmo mediante o seu acordo, um trabalhador cujo contrato de trabalho não obedeça ao modelo tradicional. Não podem, por exemplo, ser cedidos trabalhadores vinculados ao cedente por um contrato de trabalho a termo ou por um contrato de trabalho temporário.

No que respeita ao contrato a termo, o artigo 41.º da LCCT prevê as situações em que é possível a sua celebração. Numa opção nitidamente restritiva, o legislador optou por uma enumeração taxativa dos motivos justificativos da celebração de um contrato de trabalho a termo [81]. A celebração de contratos a termo fora dos casos previstos no n.º 1 do artigo referido importa a nulidade da estipulação do termo, nos termos do n.º 2 do mesmo preceito, o que implica que o trabalho se considere prestado com base num

---

[81] Para uma análise do regime do contrato a termo, veja-se MENEZES CORDEIRO, *Manual de Direito do Trabalho* cit., pp. 617-641, MONTEIRO FERNANDES, *Direito do Trabalho* cit., pp. 290-297 e ROMANO MARTINEZ, *Direito do Trabalho (contrato de trabalho)* cit., pp. 299-304.

Modalidades de cedência — cedência ocasional 69

contrato sem termo. A possibilidade de contratação de trabalhadores a termo foi consagrada em moldes muito restritos, numa nítida intenção de minimizar a flexibilização laboral.

Alguns anos depois, a Lei n.º 38/96, de 31 de Agosto, veio esclarecer, no seu artigo 3.º, que o motivo justificativo da celebração do contrato a termo, em conformidade com o n.º 1 do artigo 41.º e com a alínea e) do n.º 1 do artigo 42.º, ambos da LCCT, só é atendível se "mencionar concretamente os factos e circunstâncias que integram esse motivo." Assim, com a manifesta intenção de obviar a situações de fraude à lei, o legislador veio acabar com eventuais dúvidas que pudessem subsistir sobre o necessário grau de especificação, no próprio contrato, da motivação do termo.

Assim, resulta claro que o legislador pretendeu que o contrato a termo só fosse celebrado em determinadas situações, para a prossecução de objectivos bem delimitados.

É neste cenário que se enquadra a vinculação sem termo do trabalhador cedido à entidade empregadora cedente, como requisito de licitude da cedência. O legislador entendeu que permitir a cedência de um trabalhador contratado a termo seria abrir portas à fraude ao regime jurídico do contrato a termo, na medida em que se admitiria que do contrato de trabalho com esse trabalhador constasse uma determinada motivação do termo que, na realidade, não se verificava. Esta situação permitiria o exercício pelo trabalhador a termo de funções diversas daquelas para que foi contratado, perante uma entidade diversa daquela por quem foi contratado. Verificar-se-ia um total desrespeito pelo programa contratual inicial, situação que o regime jurídico do contrato a termo pretendeu manifestamente evitar.

Será muito difícil conceber que a situação de facto que constitui o motivo justificativo da celebração de um determinado contrato a termo se mantenha quando o trabalhador é colocado à disposição de entidade empregadora diversa daquela com quem contratou.

Aliás, não é apenas quanto à cedência que se verifica a existência de regimes diferentes em função de o trabalhador ter um contrato com ou sem termo.

70 *Cedência de trabalhadores*

Pense-se na hipótese de exercício pelo empregador do *ius variandi*, poder que lhe é legalmente atribuído enquanto empregador, nos termos dos n.os 7 e 8 do artigo 22º da LCT. Embora o n.º 7 do artigo 22.º da LCT, ao atribuir à entidade empregadora a titularidade do *ius variandi*, não faça qualquer distinção quanto aos trabalhadores que se encontram na correlativa posição de sujeição, cremos que a norma em causa tem de ser objecto de uma interpretação restritiva, quando o trabalhador temporariamente encarregado de serviços não compreendidos no objecto do contrato tenha celebrado com a entidade empregadora um contrato a termo.

Essa interpretação, imposta pela consideração do sistema no acto de aplicação do Direito, deve conduzir-nos ao resultado de o trabalhador contratado a termo só poder ser temporariamente encarregado de serviços não compreendidos no objecto do contrato, ou, na formulação mais ampla que a doutrina [82] tem vindo a construir do *ius variandi* [83], só poder ver temporariamente alteradas as condições do contrato, quando tal não implique um desvio à situação que permitiu e justificou a celebração do contrato a termo. Como é fácil de concluir, esta interpretação restringe quase totalmente a possibilidade de exercício do *ius variandi* sobre a prestação do trabalhador a termo: ou as alterações impostas ao trabalhador ainda se reconduzem ao poder determinativo da função, que a entidade empregadora é sempre chamada a exercer, em função do carácter indeterminado do objecto do contrato de trabalho, ou as alterações já fogem do estrito exercício do poder de direcção, e nesse caso será muito remota a possibilidade de a entidade empregadora impor tais alterações sem implicar que a situação que justificou a contratação a termo se transmude.

---

[82] Cfr. MENEZES CORDEIRO, *Manual de Direito do Trabalho* cit., p. 679 e ROMANO MARTINEZ, *Direito do Trabalho (contrato de trabalho)* cit., p. 275.

[83] Admitindo que o empregador possa, verificados os requisitos do n.º 7 do artigo 22.º da LCT, alterar unilateralmente as condições de prestação do trabalho, *maxime* o horário e o local de trabalho. Sobre o objecto do *ius variandi* pronunciar-nos-emos adiante.

Cremos que o legislador, no regime que ora analisamos, não necessitava ter ido tão longe. As normas que constituem o regime jurídico do contrato a termo são normas injuntivas, cuja aplicação não pode ser afastada por manifestação de vontade das partes. É a própria lei que estabelece a injuntividade de tais normas, no artigo 2.º da LCCT. Assim, qualquer situação que se traduza no desrespeito pelo motivo justificativo do contrato a termo tem de se reconduzir à celebração do contrato a termo fora dos casos previstos na lei, situação sancionada com a vinculação do trabalhador ao empregador por contrato sem termo [84]. Logo, sempre estão acautelados os interesses do trabalhador a termo que tenha sido cedido. E quando assim não fosse, ou seja, quando a cedência de um trabalhador contratado a termo não contendesse com o regime jurídico do contrato de trabalho a termo, não se verificariam as razões que levaram o legislador a consagrar tal requisito.

Pelo exposto, parece resultar que, mesmo que a vinculação do trabalhador ao cedente por contrato sem termo não estivesse expressamente configurada como requisito de licitude da modalidade de cedência que agora nos ocupa, essa cedência só seria lícita se não implicasse uma violação dos regimes jurídicos, injuntivos, aplicáveis aos contratos de trabalho especiais.

Compreende-se, todavia, a preocupação de certeza jurídica que informou a decisão do legislador: não quis sequer deixar às partes a possibilidade de ponderação da licitude da cedência cujo objecto

---

[84] Aliás, numa situação destas, o trabalhador vinculado por contrato a termo ao cedente estaria especialmente protegido, porque a lei, além de cominar a vinculação por contrato sem termo ao seu empregador, ainda lhe concede o direito de optar pela integração no efectivo do cessionário, nos termos do n.º 1 do artigo 30.º, acabando o trabalhador por ficar na mesma situação de um trabalhador sem termo cuja prestação seja objecto de cedência ilícita. Esta cominação traduz ainda o espírito restritivo do legislador quanto à mobilidade que consagrou, pois coloca a cargo do cessionário o ónus especial da verificação dos requisitos de licitude da cedência. Tal como concluiremos em relação ao trabalho temporário, o legislador onera com deveres especiais quem recorre a soluções de emprego precário. A atribuição daquele direito de opção pressupõe que o trabalhador se conformou com o contrato de cedência. Sublinhe-se que assiste ao trabalhador o direito de não o fazer, pois a ordem é ilegal.

seja a prestação de um trabalhador não vinculado ao cedente por contrato sem termo, de modo a evitar a proliferação de contratos de cedência fraudulentos.

De qualquer forma, propomos a interpretação restritiva da norma, em atenção aos interesses que o legislador pretendeu acautelar, na previsão da vinculação do trabalhador ao cedente por contrato sem termo como requisito de licitude da cedência ocasional. A alínea a) do n.º 1 do artigo 27.º só deve ser obstáculo à cedência ocasional de um trabalhador que mantenha com o cedente vínculo laboral diverso do contrato de trabalho sem termo quando ela contenda com o regime injuntivo aplicável.

Para quem entenda que a cedência de um trabalhador não vinculado ao cedente por contrato sem termo implicará sempre uma violação ao regime jurídico do contrato de trabalho respectivo, a *ratio* da norma vale, do mesmo modo, para todas as outras modalidades de cedência. Em situação alguma o legislador terá querido potenciar situações de fraude aos regimes jurídicos, injuntivos, que fixou noutras áreas da regulação. Por nós, não há necessidade de estender a aplicação da norma a estas situações, de forma a tornar a vinculação por contrato sem termo ao cedente requisito de licitude de todo o contrato de cedência. Como se viu, a violação das regras relativas, por exemplo, ao contrato de trabalho a termo, redundará sempre nas consequências por elas estatuídas, pelo que se encontram protegidos os interesses de estabilidade e segurança dos trabalhadores. E quando assim não for, ou seja, quando a cedência não implicar uma violação àquelas regras, não há motivo para a proibir [85]. A nossa interpretação vai, pelo contrário, no

---

[85] Discordamos, pois, de ABEL FERREIRA, *Grupos de Empresas e Direito do Trabalho* cit., p. 210, nota 68, no passo em que entende que "em nenhum caso um trabalhador contratado a termo pode ser cedido a uma empresa, pois tal hipótese configuraria sempre uma violação do preceituado nos artigos 42.º, n.º 1, e) da LCCT e 3.º, n.º 1 da Lei n.º 38/96, de 31 de Agosto: o trabalhador estaria a prestar serviços fora do quadro apertado, e excepcional, da enumeração taxativa que funda a admissibilidade da contratação a termo." Pelo contrário, não obstante a exígua margem de verificação prática, entendemos que são configuráveis situações em que a cedência de um trabalhador contratado a termo não implique violação do regime

Modalidades de cedência — cedência ocasional   73

sentido de restringir a aplicação do requisito em causa mesmo no âmbito em que opera por força da lei.

Assim, chegamos ao mesmo resultado, qualquer que seja a modalidade de cedência de trabalhadores em causa: pode ser cedida a prestação do trabalhador vinculado ao cedente por contrato sem termo ou por contrato de trabalho especial, quando, neste último caso, a cedência não implique violação do respectivo regime jurídico. Para a cedência ocasional mediante acordo do trabalhador, a solução retira-se da interpretação que propusemos da alínea a) do n.º 1 do artigo 27.º; para as outras modalidades de cedência, ela resulta dos princípios gerais do Direito do Trabalho e do Direito Comum.

1.2. Cedência no quadro da colaboração entre empresas jurídica ou financeiramente associadas ou economicamente inter-dependentes

1.2.1. A relação entre cedente e cessionário

O segundo requisito que o legislador impõe para a licitude da cedência ocasional não regulada em instrumento de regulamentação colectiva é a verificação daquela no quadro da colaboração entre empresas jurídica ou financeiramente associadas ou economicamente interdependentes, nos termos da alínea b) do n.º 1 do artigo 27.º.

A dificuldade de concretização dos conceitos que a norma contém é similar à que encontrámos na alínea b) do n.º 2 do artigo 26.º. Aliás, essa concretização é especialmente dificultada pelo

---

jurídico do contrato a termo. Pense-se, por exemplo, na contratação a termo de um trabalhador cuja prestação laboral só pode ser iniciada após um processo de formação que exige, para boa execução, subordinação jurídica do formando ao formador (caso em que o legislador permitiu a cedência, como vimos, nos termos da alínea a) do n.º 2 do artigo 26.º). Não nos parece que esta situação de cedência configurasse uma violação ao regime jurídico do contrato a termo, pelo que seria lícita.

74 *Cedência de trabalhadores*

confronto entre as duas normas referidas, já que não se poderá deixar de reconhecer um espaço de sobreposição entre elas.

Da análise que fizemos da cedência em ambiente de grupo resulta claramente essa sobreposição. Com efeito, entendemos que o âmbito daquela modalidade de cedência abrange, precisamente, as situações em que entre as partes exista associação jurídica com efeitos funcionais na gestão da empresa. Voltando o legislador a recorrer ao conceito de associação jurídica, as situações que delimitámos como legitimando a cedência em ambiente de grupo, são aqui incluídas. Ou seja, a existência do ambiente de grupo preenche o requisito de licitude da cedência ocasional com o acordo do trabalhador previsto na alínea b) do n.º 1 do artigo 27.º.

Mas a sobreposição dos âmbitos de aplicação das duas normas não é, de modo algum, total.

Desde logo, mesmo no que respeita à cedência entre duas empresas do mesmo grupo, a previsão da alínea b) do n.º 2 do artigo 26.º só abrange a cedência de quadros técnicos, para o exercício de funções de enquadramento ou técnicas, de elevado grau. A cedência de um trabalhador que não possa ser qualificado como quadro técnico, ou cuja cedência não vise o exercício daquele tipo de função, não encontra cobertura legal naquela norma. Mas já a poderá encontrar no artigo 27.º, se forem respeitados os requisitos de licitude que a norma enuncia.

Assim, perspectivando a nossa análise apenas no ambiente de grupo, o legislador tratou de modo diverso os quadros técnicos e os restantes trabalhadores, exigindo o acordo destes últimos como requisito de licitude da cedência, o que não fez para aqueles.

Mas a diferença entre o âmbito das duas modalidades de cedência não se verifica apenas a este nível. O tipo de relações entre cedente e cessionário que, na modalidade de cedência regulada nos artigos 27.º e seguintes, legitima a cedência é mais amplo do que o que se prevê na cedência em ambiente de grupo.

Com efeito, o legislador permitiu a cedência de trabalhadores no quadro da colaboração entre empresas jurídica ou financeiramente associadas ou economicamente interdependentes. Há, por-

Modalidades de cedência — cedência ocasional

tanto, a consagração da possibilidade de cedência entre duas empresas cujas relações não apresentem um grau de associação tão forte como aquele que se exige na cedência em ambiente de grupo.

Volta o legislador a não nos dar pistas para a concretização dos conceitos indeterminados a que recorre. Algo parece, contudo, resultar claro: o legislador pretendeu permitir a cedência em situações em que inexista entre cedente e cessionário um tipo de associação jurídica com reflexos funcionais na gestão das empresas respectivas.

Assim, enquanto na cedência em ambiente de grupo cedente e cessionário têm de manter uma associação jurídica com efeitos funcionais na gestão das respectivas empresas, a cedência com o acordo do trabalhador já é admitida entre empresas cuja associação, sendo jurídica, não possui aquele tipo de efeitos, ou nem sequer é baseada em instrumentos jurídicos, mas meramente económica ou financeira.

A este elemento da previsão serão recondutíveis certas figuras do Direito Económico, como sejam a existência de acordos e práticas concertadas entre empresas para determinadas finalidades, em que se verifica uma colaboração interempresarial sem base jurídica, que pode ser destinada à prossecução de várias finalidades, como sejam a superação de adversidades colocadas pelo próprio mercado ou a optimização das condições ou resultados do exercício da actividade.

O legislador laboral reconhece, assim, a relevância de formas de cooperação meramente económica ou financeira entre as empresas, permitindo, nessa situação, a cedência ocasional com o acordo do trabalhador.

Sendo a concretização destes conceitos dificultada pela sua enorme amplitude, urge questionar: quais os seus limites de operatividade? Ou seja, que contrato de cedência ocasional já não é lícito, à luz de uma previsão tão ampla como a que consta da norma em análise?

Como se constata, o legislador parece, nesta disposição, transigir no princípio geral de restrição da cedência de trabalhadores. A previsão da alínea b) do n.º 1 do artigo 27.º abre largos horizontes à celebração de contratos de cedência, na medida em que basta a existência de um ténue laço de associação financeira ou interdependência económica entre cedente e cessionário para que se cumpra o requisito de licitude.

É certo que a licitude da cedência depende sempre da efectiva associação jurídica ou financeira ou interdependência económica entre cedente e cessionário, aferida a partir de elementos que demonstrem a sua existência. Não serão admissíveis situações em que o movimento seja inverso ao que o legislador pressupõe, ou seja, que se crie, aparentemente, uma situação de associação abrangida pela previsão da norma, apenas para permitir a cedência do trabalhador. Por isso, existe, efectivamente, uma delimitação legal do círculo de pessoas que pode outorgar na cedência. Mas não se pode igualmente deixar de reconhecer que essa delimitação não tem contornos rígidos.

1.2.2. A dispensa do requisito, quando o cedente seja uma ETT

O requisito de licitude da cedência ocasional que agora analisamos sofre uma restrição no seu âmbito de aplicação, por força do n.º 2 do artigo 27.º. A sua aplicação é excepcionada quando a empresa cedente seja de trabalho temporário.

Cremos ser útil, neste momento, um breve excurso pelo regime legal do trabalho temporário [86], de molde a entender melhor o alcance da norma do n.º 2 do artigo 27.º.

1.2.2.1. Trabalho temporário

A regulamentação do trabalho temporário é o escopo do diploma legal em que, a título das semelhanças apresentadas entre as

---

[86] Para uma análise do regime do trabalho temporário, veja-se MENEZES CORDEIRO, *Manual de Direito do Trabalho* cit., pp. 602-609, MONTEIRO FERNANDES, *Direito do Trabalho* cit., pp. 151-156 e ROMANO MARTINEZ, *Direito do Trabalho (contrato de trabalho)* cit., pp. 305-310. Numa recolha dos passos da acção comunitária da regulamentação do trabalho temporário, veja-se MARIA REGINA REDINHA, "Trabalho temporário", *Questões Laborais*, ano I, 3, 1994, pp. 184-188.

Modalidades de cedência — cedência ocasional 77

duas figuras, foi também regulamentada a cedência de trabalhadores. O trabalho temporário traduz-se num esquema negocial de estrutura triangular entre uma empresa de trabalho temporário (ETT), um trabalhador e um utilizador. A ETT celebra com o trabalhador um contrato de trabalho, que a lei designa por temporário, pelo qual este se obriga, mediante retribuição daquela, a prestar temporariamente a sua actividade a utilizadores (alínea d) do artigo 2.º); por outro lado, a mesma ETT celebra com um utilizador um contrato de prestação de serviço, designado contrato de utilização, pelo qual aquela se obriga, mediante retribuição, a colocar à disposição do utilizador um ou mais trabalhadores temporários (alínea e) do artigo 2.º).

Do regime legal resulta claramente a interligação necessária entre o contrato de utilização e o contrato de trabalho temporário, sendo que este último só pode ser celebrado na dependência daquele. Tal conclusão resulta de o contrato de trabalho temporário só poder ser celebrado nas situações previstas para a celebração de contrato de utilização, nos termos do n.º 1 do artigo 18.º.

Além disso, a Lei n.º 146/99 veio ainda permitir, com a nova redacção do artigo 17.º, a cedência temporária de trabalhadores vinculados à ETT por tempo indeterminado. O "contrato de trabalho para cedência temporária" (é esta a terminologia legal) tem de ser celebrado por escrito e ter a expressa menção de que o trabalhador aceita que a ETT o ceda temporariamente.

Neste caso, os contratos de utilização de que seja objecto o trabalhador serão celebrados em momento posterior ao da vinculação do trabalhador à ETT.

O objecto principal da actividade da ETT é, desta forma, a cedência temporária de trabalhadores a ela vinculados a utilizadores (artigo 3.º), estando sujeita a autorização e registo para o efeito (artigos 4.º a 8.º).

É com a ETT que os trabalhadores estabelecem uma relação laboral. Por outro lado, é também com a ETT que o utilizador contrata – neste caso, uma prestação de serviço. Entre o utilizador e os trabalhadores não se estabelece qualquer relação laboral.

78 · *Cedência de trabalhadores*

O trabalhador fica sujeito ao exercício do poder directivo pelo utilizador (na conformação da prestação), nos termos do n.º 1 do artigo 20.º, e pela ETT (na determinação do utilizador e da duração da utilização), e ao exercício do poder disciplinar pela ETT, nos termos do n.º 6 do artigo 20.º.

No que respeita à retribuição, ela é paga pela ETT – é com ela que o trabalhador celebra contrato de trabalho – mas determinada em função do disposto em lei ou IRCT aplicável ao utilizador para a correspondente categoria profissional, salvo retribuição mais elevada praticada pelo próprio utilizador (e ainda com a ressalva de retribuição mais elevada consagrada em IRCT aplicável à ETT), segundo o disposto no n.º 1 do artigo 21.º.

1.2.2.2. Trabalho temporário e cedência de trabalhadores

O trabalho temporário demarca-se, assim, claramente da cedência de trabalhadores regulada no Capítulo III do mesmo diploma legal.

O escopo do diploma legal que fixou o regime jurídico da cedência de trabalhadores é a regulamentação do trabalho temporário, em resposta às já antigas reivindicações dos empregadores pelo reconhecimento desta forma de fornecimento de mão-de-obra. O legislador decidiu regulamentar no mesmo diploma a cedência de trabalhadores em função das semelhanças que encontrou entre os dois institutos, como reconhece no preâmbulo.

Discordamos, em absoluto, da opção. Desde logo, porque a semelhança entre o trabalho temporário e a cedência de trabalhadores resume-se ao facto de, em ambos os casos, um determinado trabalhador executar a sua prestação laboral perante, e em subordinação jurídica, a uma entidade com a qual não celebrou um contrato de trabalho. Mas as dissemelhanças demarcam nitidamente os institutos: a cedência ocorre em relação a trabalhadores que não foram contratados para o efeito, mas sim para a execução da prestação laboral perante o seu empregador, ao passo que o esquema do trabalho temporário impõe a celebração, entre o trabalhador a ceder e a ETT, de um contrato de trabalho temporário ou de um contrato de trabalho (por tempo indeterminado) para cedência temporária – o trabalhador é exactamente contratado com o fito de ser colocado ao serviço de utilizadores; a cedência não tem forçosamente um intuito lucrativo [87], traduzindo-se num instrumento de gestão e colaboração empresarial, ao invés do trabalho temporário, que é a actividade lucrativa desenvolvida pela ETT; qualquer empregador pode, verificados os requisitos de licitude de uma das modalidades de cedência legalmente consagradas, ceder um seu trabalhador, ao passo que só uma ETT pode celebrar contratos de utilização. Enfim, o contrato de trabalho temporário há-de ser considerado um contrato de trabalho especial, porque diverso do modelo tradicional do contrato individual de trabalho. Já a cedência é um esquema negocial operativo perante o contrato individual de trabalho na sua mais tradicional formulação (em que o vínculo laboral é tendencialmente perpétuo, prestando o trabalhador o seu trabalho só a um empregador).

Assim, o legislador, ao regulamentar a figura da cedência de trabalhadores no diploma dedicado ao trabalho temporário, não tomou a melhor opção sistemática. A cedência é um problema transversal do Direito do Trabalho, que se coloca perante qualquer contrato individual de trabalho, devendo ser regulamentado a tal título, num diploma geral, de delimitação de conteúdo das situações jurídicas laborais.

1.2.2.3. Trabalhadores da ETT

Pelo que se expôs quanto ao regime do trabalho temporário, conclui-se que os trabalhadores vinculados à ETT são, via de regra, trabalhadores temporários ou trabalhadores vinculados à ETT por tempo indeterminado por um contrato de trabalho para cedência temporária (nos termos do artigo 17.º). Como concluímos no ponto anterior, a cedência de um trabalhador vinculado ao cedente por

---

[87] Neste sentido, DIAS COIMBRA, "Grupo societário (...)" cit., p. 135.

80 *Cedência de trabalhadores*

contrato de trabalho diverso do contrato sem termo só é admissível quando não acarrete uma violação do próprio regime jurídico (injuntivo) do contrato de trabalho em causa, o que será hipótese de rara verificação.

Soluções criadas pelo regime jurídico do trabalho temporário podem deixar antever situações de vinculação de trabalhadores à ETT por contrato sem termo. Por um lado, a ETT tem trabalhadores que fazem parte do seu próprio quadro de pessoal, para o desenvolvimento das actividades de selecção, orientação e formação profissional, consultadoria e gestão de recursos humanos[88]. Por outro lado, o legislador comina, no n.º 5 do artigo 18.º, a vinculação do trabalhador por contrato de trabalho por tempo indeterminado à ETT quando seja cedido a um utilizador sem estar vinculado à ETT por contrato de trabalho para cedência temporária (artigo 17º) ou por contrato de trabalho temporário (artigo 18.º). Finalmente, o n.º 2 do artigo 19.º estatui que a falta de indicação, no contrato de trabalho temporário, dos motivos que justificam a celebração do contrato ou a inobservância da forma escrita têm a consequência prevista no n.º 3 do artigo 42.º da LCCT, que determina que o contrato de trabalho seja considerado sem termo. Estamos perante situações de vinculação do trabalhador à ETT por contrato sem termo[89], como consequência do recurso ilícito a esta forma de contratação laboral, com o objectivo de proteger os trabalhadores[90].

---

[88] A consultadoria e a gestão de recursos humanos foram incluídas no objecto possível da ETT pela Lei n.º 146/99.

[89] Esta era já a tese sustentada por PAULA CAMANHO / MIGUEL CUNHA / SOFIA PAIS / PAULO VILARINHO, "Trabalho temporário" cit., p. 246, à luz da redacção original do Decreto-Lei n.º 358/89.

[90] Não era este o nosso entendimento sobre a solução legal, à luz da redacção original do Decreto-Lei n.º 358/89. Nessa redacção, o n.º 3 do artigo 17.º cominava o disposto no n.º 3 do artigo 42.º para a cedência de trabalhadores não vinculados à ETT por contrato de trabalho temporário (naquele regime, não era permitida a cedência de trabalhadores vinculados à ETT por contrato de trabalho por tempo indeterminado, possibilidade que a Lei n.º 146/99 criou). Críamos que a melhor

Assim, os trabalhadores vinculados à ETT por contrato sem termo são aqueles que a própria estrutura organizativa da empresa não dispensa, os recrutados para desenvolver as actividades de

---

interpretação era considerar o trabalhador vinculado ao utilizador, e não à ETT. E aproximávamo-nos, então, das reflexões produzidas por MENEZES CORDEIRO, segundo as quais vincular o trabalhador à ETT era uma solução absurda, porque "esta ver-se-ia com um trabalhador permanente que não poderia ceder, uma vez que faltaria o termo." (MENEZES CORDEIRO, *Manual de Direito do Trabalho* cit., p. 609). Esta solução contrariaria o objecto social da ETT fixado, na redacção então vigente, no n.º 1 do artigo 3.º. Logo, só faria sentido vincular o trabalhador a uma entidade que tivesse uma actividade contínua, isto é, o utilizador. Repare-se que mais do que sancionar a empresa a quem a irregularidade pudesse ser imputada, houve uma especial preocupação em acautelar os interesses do trabalhador (que ficariam, em princípio, melhor garantidos pela vinculação tendencialmente duradoura a uma empresa que tem, efectivamente, «trabalho para dar», do que à ETT, cujo objecto social se limitava à colocação de trabalhadores temporários noutras empresas). Poder--se-ia rebater a argumentação, afirmando que não fazia igualmente sentido a vinculação do trabalhador ao utilizador quando este último tinha recorrido ao trabalho temporário por carecer de um trabalhador para uma missão muito delimitada, porque se veria a braços com um trabalhador permanente que não queria e do qual não necessitava. Mas nesses casos, continuava MENEZES CORDEIRO, "resta operar a redução teleológica do artigo 17.º/3 do Decreto-Lei n.º 358/89, de 17 de Outubro: a lei pretendeu submeter as empresas utilizadoras - pois só estas têm verdadeiro trabalho para dar – às regras do contrato sem termo, sempre que haja invalidades por elas promovidas e tendentes a defraudar, com recurso ao trabalho temporário, as leis do trabalho."

Afirmava-se, então, implicitamente, o ónus, a cargo do utilizador, de verificar a regularidade do contrato de trabalho temporário pelo qual o trabalhador que era colocado à sua disposição estava vinculado à ETT, sob pena de esse trabalhador a ele ficar vinculado por contrato sem termo. Sendo assim, ou o utilizador não cumpria este ónus, e aceitava as consequências que de tal comportamento decorriam, ou o cumpria, e em consequência não aceitava o trabalhador se este não estivesse vinculado à ETT por contrato de trabalho temporário. Ónus aquele comparável com o que impende sobre o mesmo utilizador, de verificar a regularidade da autorização, nos termos dos artigos 4.º a 7.º, da ETT, sob pena de os trabalhadores cedidos se considerarem vinculados a si por contrato de trabalho sem termo, em consequência da nulidade do contrato de trabalho temporário resultante da nulidade do contrato de utilização, quando ele é celebrado por ETT não autorizada (regime que resulta dos n.ºs 1 a 3 do artigo 16.º). Sendo o utilizador absolutamente alheio ao processo de autorização da ETT, já na altura entendíamos o ónus como excessivo, mas também como risco criado pelo legislador para quem pretende auferir os benefícios do recurso

selecção, orientação e formação profissional, consultadoria e recursos humanos, e aqueles cuja vinculação foi ditada pelo n.º 5 do artigo 18.º ou pelo n.º 2 do artigo 19.º. O que constituirá um núcleo muito reduzido, por oposição aos trabalhadores vinculados à ETT por contrato de trabalho com a finalidade de serem cedidos temporariamente, em desenvolvimento da normal actividade da ETT.

Ora, estabelecendo o legislador na alínea a) do n.º 1 do artigo 27.º a vinculação do trabalhador cedido ao cedente por contrato

---

ao trabalho temporário. Não repugnava admitir que o legislador o tivesse querido, já que subjazia à regulamentação do trabalho temporário uma nítida intenção de restrição desta forma de *fornecimento de mão-de-obra* que escapa ao modelo tradicional do contrato individual de trabalho. A norma tinha de ser interpretada em função dos resultados a que conduzia: mais importante do que sancionar a empresa que dera azo à invalidade, era tutelar os interesses do trabalhador.

O mesmo raciocínio fazia-nos defender a mesma solução para a interpretação da fórmula consagrada no n.º 2 do artigo 19.º: faltando a menção referida ou a forma exigida para o contrato de trabalho temporário, o trabalhador ficava vinculado ao utilizador por contrato de trabalho sem termo.

O legislador alterou o regime. Com a redacção da Lei n.º 146/99, passa a ser claro que a cedência de trabalhadores pela ETT que não estejam vinculados a ela por uma das duas formas que a lei impõe (contrato de trabalho temporário ou contrato de trabalho para cedência temporária) consideram-se vinculados por contrato de trabalho por tempo indeterminado com a ETT. O que se entende: desde logo, porque a nova redacção trouxe o alargamento do objecto possível da ETT a actividades de consultadoria e gestão de recursos humanos, actividades a que poderão ser afectados os trabalhadores assim vinculados à ETT. Além disso, a Lei n.º 146/99 consagrou a possibilidade de cedência temporária de trabalhadores vinculados à ETT por contrato por tempo indeterminado (artigo 17.º), como já referimos, o que não se verificava no regime anterior. É de avançar a possibilidade de os trabalhadores vinculados indeterminadamente à ETT por força do disposto no n.º 5 do artigo 18.º poderem vir a ser objecto de cedência nos termos do artigo 17.º. O que significa que a ETT vai ter como ocupar aquele trabalhador, possibilidade que antes não se vislumbrava.

Pelo exposto, inclinamo-nos igualmente para alterar a solução que propunhamos para a fórmula do n.º 2 do artigo 19.º: o trabalhador deve considerar-se vinculado por contrato de trabalho por tempo indeterminado à ETT, e não ao utilizador. O trabalhador vai «ter trabalho», como já se explicou, e o sistema torna-se mais justo, salva melhor opinião, pois já não se onera o utilizador com o juízo de validade sobre normas contratuais às quais é absolutamente alheio.

Modalidades de cedência — cedência ocasional　　83

sem termo como requisito de licitude da cedência, é estranho que tenha previsto expressamente esta hipótese [91].

Causa, pelo exposto, dúvidas o teor do n.º 2 do artigo 27.º. Não pelos resultados a que conduz, pois tendo nós concluído pela formulação extremamente ampla e vaga do requisito de licitude da cedência enunciado na alínea b) do n.º 1 do artigo 27.º, sendo que não serão muitas as hipótese em que o recurso à cedência ocasional seja ilícito em função daquela norma, temos de admitir que excepcionar a sua aplicação quando o cedente seja uma ETT pouco relevará em termos práticos.

Mas mesmo na margem em que a norma poderá operar, não se vislumbra claramente a justificação da diferença de regimes conforme o cedente seja ou não uma ETT. Se o legislador pretendeu, através da imposição da associação jurídica ou financeira ou da interdependência económica como requisito de licitude desta modalidade de cedência, limitar o círculo de pessoas que nesse contrato podem outorgar, este é o critério que deveria ter mantido para qualquer situação. Não se vislumbram as razões objectivas que presidiram a esta opção, pois a ETT, enquanto estrutura empresarial, não apresenta dissemelhanças que justifiquem o tratamento especial. Aliás, o objecto social que desenvolve aponta, inclusivamente, no sentido contrário. Note-se que a ETT, como empresa prestadora de serviços, apresenta uma grande potencialidade de manutenção de contactos externos, que não será estranho que venham a conduzir a situações de associação recondutíveis à norma em análise.

De qualquer modo, a estranheza que nos causa o preceito não advém tanto dos resultados a que conduz, mas sim do seu âmbito de aplicação: não se entende que o legislador tenha criado uma norma especial para esta situação, quando a possibilidade de ela

---

[91] A cedência, nos termos dos arts. 27.º e seguintes, de trabalhador temporário ou de trabalhador vinculado à ETT por contrato de trabalho (por tempo indeterminado) para cedência temporária violaria, em princípio, o escopo daqueles contratos.

1.3. Acordo do trabalhador

O acordo do trabalhador cedido é o último requisito substancial de licitude desta modalidade de cedência ocasional, conforme estatui o legislador na alínea c) do n.º 1 do artigo 27.º.

1.3.1. O âmbito de aplicação do requisito

O legislador reconhece à autonomia privada das partes no contrato de trabalho o poder para determinar a cedência ocasional do trabalhador. Com efeito, os outros requisitos de licitude assumem uma relevância secundária, uma vez que um deles já resultava dos princípios gerais (a vinculação do trabalhador ao cedente por contrato sem termo) e o outro tem uma amplitude quase insusceptível de delimitação (o laço entre cedente e cessionário). Daí a opção terminológica que fizemos.

Sublinhe-se que o acordo do trabalhador aqui exigido tem de ser livre e consciente. Livre, na medida em que a proposta de cedência dirigida pelo empregador ao trabalhador não seja entendida como uma ordem; consciente, no sentido de o trabalhador conhecer as implicações de regime aplicável quanto à integração no efectivo do cessionário, à retribuição e às condições de prestação de trabalho, nos termos definidos nos artigos 20.º e 21.º. Só a manifestação da vontade do trabalhador com estas características pode tornar lícito o recurso à cedência.

É possível encontrar alguma similitude entre os motivos que levaram à consagração das duas modalidades de cedência ocasional consagradas na alínea c) do n.º 2 do artigo 26.º. Quando a cedência seja regulada por instrumento de regulamentação colectiva do trabalho, a lei admite-a, reconhecendo à vontade manifestada pelos parceiros sociais em sede de negociação colectiva legitimidade para decidir os termos da cedência [92]. Na modalidade que ora analisamos, a legitimidade para decidir os termos da cedência é igualmente reconhecida à vontade das partes, só que no âmbito da negociação individual, entre o trabalhador e a sua entidade empregadora.

É quanto ao âmbito de aplicação do acordo como requisito de licitude da cedência que se verifica a mais significativa divergência entre os autores que dedicaram a sua atenção ao regime jurídico da cedência de trabalhadores [93]. A questão reside em saber se o acordo do trabalhador, que a lei exige apenas na alínea c) do n.º 1 do artigo 27.º, ou seja, como requisito de licitude apenas daquela modalidade de cedência, deve ou não ser aplicado a todas as situações de cedência admitidas pelo Capítulo III.

Cumpre sublinhar aqui a opinião de MARIA REGINA REDINHA, que entende que prescindir do acordo do trabalhador sempre que a cedência se resolva numa das excepções ao princípio geral de proibição (ou seja, quando a cedência encontre cobertura legal nas alíneas a), b) ou c) do n.º 1 do artigo 26.º) é conclusão precipitada da leitura do regime legal. Segundo REDINHA, o acordo do trabalhador é sempre uma verdadeira declaração de vontade imprescindível para a perfeição do negócio trilateral a que se reconduz a cedência [94]. Entende a autora que "o acordo do trabalhador não é uma mera condição material de eficácia do contrato entre

---

[92] Note-se que este fundamento da consagração da cedência regulada em IRCT não vale, como sublinhámos, quando se recorra à via administrativa. Vimos que, nestes casos, é preterida a vontade das partes, sendo a defesa dos seus interesses feita, indirectamente, pela intervenção governamental.

[93] Entendendo que o acordo do trabalhador é essencial em todo o contrato de cedência, MARIA REGINA REDINHA, "Da cedência ocasional de trabalhadores" cit., p. 20; pelo contrário, afirmando que a desnecessidade de acordo do trabalhador para a situação que nomeámos de cedência em ambiente de grupo é a interpretação correcta do regime jurídico vigente, COUTINHO DE ABREU, "Grupos de sociedades e Direito do Trabalho" cit., p. 19, nota 41 e ABEL FERREIRA, *Grupos de Empresas e Direito do Trabalho* cit., p. 209.

[94] MARIA REGINA REDINHA, "Da cedência ocasional de trabalhadores" cit., p. 20 e "Empresas de trabalho temporário", *Revista de Direito e Economia*, ano X-XI, 1984/5, p. 149, nota 36.

cedente e cessionário, mas (...) uma verdadeira declaração de vontade imprescindível para a perfeição do negócio trilateral a que se reconduz a cedência ocasional." O acordo do trabalhador é, assim, na opinião da autora, elemento essencial para a configuração do contrato de cedência enquanto tal, e não um mero requisito de licitude de uma das modalidades de cedência. Caso contrário, "a cedência identificar-se-ia com um contrato de disposição sobre o trabalho alheio e, atendendo à incindibilidade da força de trabalho da pessoa do seu titular, mediatamente, com um contrato sobre o trabalhador, sujeito ao universal repúdio pela reificação da mão-de-obra" [95]. A autora defende a necessidade de acordo do trabalhador em qualquer situação de cedência, até quando esteja regulada em instrumento de regulamentação colectiva [96] (modalidade

---

[95] À luz do nosso ordenamento jurídico, é inegável a natureza do vínculo contratual laboral como uma troca entre trabalho e salário. "A força de trabalho é um bem económico objecto de troca", como explica MENEZES CORDEIRO, "Da situação jurídica laboral (...)" cit., p.136. A situação jurídica laboral é, claramente, uma situação de natureza obrigacional, "patrimonial, relativa e sinalagmática" (MENEZES CORDEIRO, ob. cit., p. 141). Mas essa situação jurídica reveste um significado social juridicamente relevante, que está na própria origem da autonomização do Direito do Trabalho (pondo em causa a necessidade de protecção do trabalhador como fundamento da autonomia dogmática do Direito do Trabalho, no actual estádio evolutivo do Direito Civil, MENEZES CORDEIRO, ob. cit., pp. 146-147). Com efeito, considerar a força de trabalho como um objecto de troca não implica a reificação do trabalhador, pois quem dispõe da força é sempre o próprio. De qualquer modo, aquela consideração impõe igualmente alguma moderação na invocação da absoluta indisponibilidade da força de trabalho pelo empregador a cujo serviço ela é colocada. Porque, não havendo nunca uma «apropriação», pelo empregador, dessa força (já que ela é incindível do ser humano que a presta, e o princípio da dignidade humana, base do nosso ordenamento jurídico, não poderia contemporizar com a apropriação de uma pessoa por outra), tem de se admitir que serão os interesses do empregador, dentro dos limites ditados pela presença de uma prestação com uma reconhecida dimensão pessoal, que conformarão os «destinos» dessa força. Fazemos o reparo porque cremos que o argumento do repúdio pela reificação do trabalhador pode conduzir a soluções extremadas, como por exemplo a negação da legitimidade do empregador de alterar a prestação laboral dentro dos limites que a lei lhe reconhece, pois estaria a dispor da força de trabalho, já que introduziria desvios ao programa contratual inicial...

[96] MARIA REGINA REDINHA, "Da cedência ocasional de trabalhadores" cit., p. 20.

Modalidades de cedência — cedência ocasional 87

da cedência cuja consagração encontra como motivo fundamental, como defendemos, exactamente a existência de acordo dos trabalhadores, só que declarado num momento anterior à cedência, através dos seus representantes em sede de negociação colectiva).

Não parece que seja esta a leitura correcta do actual regime jurídico da cedência.

O legislador excepciona, no n.º 2 do artigo 26.º, todas as situações em que não encontra aplicação a proibição de cedência: em situação de formação profissional, nos termos da alínea a); em ambiente de grupo, nos termos da alínea b); quando a regulamentação conste de IRCT, segundo o disposto na 1.ª parte da alínea c); e nos termos do artigo 27.º e seguintes, de acordo com a previsão da parte final da alínea c). As situações em que a proibição geral da cedência de trabalhadores foi excepcionada estão, desta forma, perfeitamente demarcadas entre si. O legislador estabelece, para cada modalidade de cedência, um regime jurídico diverso. Não há uma sobreposição, nem de âmbito de aplicação, nem de requisitos de licitude [97].

Logo, o acordo do trabalhador só é requisito de licitude da modalidade de cedência ora em estudo, e não de qualquer uma das que antes analisámos [98]. Esta é a interpretação necessária dos artigos 26.º a 30.º do diploma que regula a cedência, sendo que presumimos que o legislador soube exprimir o seu pensamento nos

---

[97] Aliás, repare-se que entender que o acordo do trabalhador é requisito de licitude para todas as modalidades de cedência equivale a esvaziar de sentido a previsão da alínea b) do n.º2 do artigo 26.º, já que, como vimos, as relações entre cedente e cessionário que são exigidas para a licitude da cedência em ambiente de grupo também respeitariam o requisito da alínea b) do artigo 27.º. Não existiria, assim, diferença alguma, no plano dos requisitos de licitude, entre a cedência, em ambiente de grupo, de um quadro técnico para o exercício de funções de enquadramento ou técnicas de elevado grau, ou de outro trabalhador para o exercício de quaisquer funções. Porquê, então, a existência de duas excepções ao princípio geral de proibição, quando todas as situações seriam subsumíveis no artigo 27.º?

[98] Nem se invoque o n.º2 do artigo 28º, que exige a inscrição do acordo do trabalhador para a validade do contrato de cedência. Como veremos, o artigo 28.º é a forma prevista apenas para a modalidade de cedência cujo regime ora analisamos, e não para as demais.

88 *Cedência de trabalhadores*

termos mais adequados, nos termos do n.º 3 do artigo 9.º do Código Civil. As conclusões a que o intérprete chega têm de ser legitimadas pelo regime jurídico pelo qual o legislador optou. O método de interpretação da lei não pode ser invertido.

A legitimação dessa opção do legislador foi já feita, aliás, quando analisámos o regime jurídico das modalidades de cedência para as quais não é requisito de licitude o acordo do trabalhador e os respectivos escopos. É a dilucidação dos objectivos prosseguidos pelo legislador e a ponderação das consequências a que conduzem os regimes que consagrou que conferem legitimidade às soluções consagradas.

Aproximamo-nos, assim, da tese sustentada por ABEL FERREIRA[99]: a discussão sobre a opção do legislador é possível, no plano do Direito a constituir. Em alternativa ao sistema por que optou, o legislador podia ter exigido o acordo do trabalhador como requisito de licitude de qualquer modalidade de cedência de trabalhadores. Mas não é isso que resulta do Direito vigente. E este é o que importa ao intérprete, em busca da solução do caso concreto.

1.3.2. Não vinculação contratual do trabalhador ao cessionário

Estamos em crer que a exigência do acordo do trabalhador não transfigura a estrutura do contrato de cedência.

O recurso lícito à cedência legitima o exercício do poder de direcção por entidade diversa do empregador. Mas o trabalhador mantém o vínculo inicial apenas com o seu empregador.

Imagine-se que o trabalhador a quem foi ordenada, licitamente, a cedência, não se dirige à empresa do cessionário no dia acordado, antes continuando a executar a prestação laboral perante o cedente. Nesse caso, o trabalhador estaria a violar a ordem que o empregador lhe dá, sujeitando-se, em consequência, a um processo disciplinar por violação do dever de obediência que o obriga. Mas

---

[99] ABEL FERREIRA, *Grupos de Empresas e Direito do Trabalho* cit., p. 209, nota 67.

não cremos que, do incumprimento da ordem, nasça qualquer responsabilidade contratual do trabalhador perante o cessionário pelo incumprimento do contrato de cedência. Quem se vincula a ceder um trabalhador é o cedente. O acordo do trabalhador cedido não torna este último responsável perante o cessionário, não o torna parte no contrato de cedência.

A cedência implica que o trabalhador fique sujeito ao poder de direcção do cessionário, o que significa que lhe deve obediência. Mas a violação desse dever gera apenas responsabilidade disciplinar, nos termos gerais, a efectivar pelo cedente, que mantém o poder disciplinar. O regime é o mesmo quando o trabalhador expresse o seu acordo com a cedência: a responsabilidade pelo desrespeito por essa situação de cedência é exclusivamente disciplinar, perante o cedente / empregador, não fundando o acordo qualquer tipo de responsabilidade contratual para com o cessionário.

1.3.3. A limitação da liberdade de trabalho

Por último, não queremos deixar de sublinhar a crítica que é usualmente dirigida ao facto de o legislador, na cedência ocasional mediante o acordo do trabalhador, ter exigido outros requisitos de licitude, para além desse acordo. Uma vez garantido o acordo do trabalhador, as demais imposições à cedência ocasional seriam claramente inconstitucionais, por violação da liberdade do trabalho, assegurada pelo n.º 1 do artigo 47.º da CRP [100]. Temos algumas dúvidas quanto à procedência da crítica.

---

[100] Neste sentido, MENEZES CORDEIRO, *Manual de Direito do Trabalho* cit., p. 610. Por seu turno, ROMANO MARTINEZ entende que o requisito imposto pela alínea b) do n.º1 do artigo 27.º constitui "um limite inexplicável à autonomia privada e não se vislumbra qual é o interesse dos trabalhadores que se pretende tutelar" (*Direito do Trabalho (contrato de trabalho)* cit., p. 350). Igualmente no sentido da falta de razoabilidade das restrições à cedência ocasional de trabalhadores, assegurado o livre consentimento do trabalhador, LOBO XAVIER, *Curso de Direito do Trabalho* cit., p. 300.

Por um lado, analisando os demais requisitos que o legislador exige para a licitude da cedência quando existe acordo do trabalhador nesse sentido, um deles - a vinculação do trabalhador ao cedente por contrato sem termo - já resultaria (na interpretação restritiva que propusemos) da aplicação dos princípios gerais do Direito do Trabalho e do Direito Comum; o outro - que a cedência se verifique no quadro da colaboração entre empresas jurídica ou financeiramente associadas ou economicamente interdependentes - tem uma formulação tão ampla e vaga que dificilmente se vislumbram os limites da sua operatividade.

De qualquer modo, ainda que assim não fosse, nunca a liberdade de trabalho ficaria totalmente coarctada. Dois tipos de situações se podem configurar: ou as partes pretendem que o trabalhador passe a ter um empregador diverso daquele com quem contratou, ou querem que o trabalhador execute a sua prestação em subordinação jurídica a alguém que não é o seu empregador, mantendo, no entanto, o vínculo inicial com aquele.

Havendo acordo do trabalhador, do empregador e da entidade perante o qual o trabalhador prestará, agora, o seu trabalho, nunca a liberdade de trabalho sairá prejudicada.

No caso em que se pretende uma transferência definitiva do trabalhador para um novo empregador, as partes têm à sua disposição os instrumentos gerais do Direito Comum ou do Direito do Trabalho: respectivamente, a cessão da posição contratual, ou a cessação do contrato de trabalho por mútuo acordo (regulada nos artigos 7.º e 8.º da LCCT) e celebração de novo contrato com empregador diverso.

Se, ao invés, se pretende a manutenção do vínculo inicial, as partes podem recorrer à figura da suspensão contratual do contrato de trabalho. As partes no contrato de trabalho podem, mediante acordo, suspender a produção dos efeitos do mesmo, na medida em que pressuponham a efectiva prestação do trabalho, sem rescindir o contrato. A suspensão do contrato de trabalho por acordo das partes tem a sua consagração legal nos regimes da pré-reforma e das licenças sem retribuição.

O regime jurídico da pré-reforma (fixado pelo Decreto-Lei n.º 261/91, de 25 de Julho), que o próprio legislador define como "situação de suspensão ou redução da prestação de trabalho" (no artigo 3.º do diploma legal referido), permite expressamente que o trabalhador desenvolva outra actividade profissional remunerada (n.º 2 do artigo 5.º do mesmo diploma). Assim, uma vez preenchidos os requisitos do acordo de pré-reforma, o trabalhador é livre para celebrar novo contrato de trabalho com outro empregador (sem prejuízo das consequências a nível da prestação de pré-reforma a que o trabalhador tem direito), integrando-se na respectiva unidade produtiva, em subordinação jurídica ao respectivo titular.

O mesmo se diga quanto às licenças sem retribuição, reguladas nos artigos 16.º e 17.º da LFFF, com requisitos ainda menos apertados do que a pré-reforma. A licença sem retribuição é, em certas circunstâncias, um direito do trabalhador, a cujo exercício o empregador só pode opor-se em certas situações (nos termos dos n.ºs 2 e 3 do artigo 16.º da LFFF). Todavia, havendo acordo das partes quanto à licença, ela é concedida sem a imposição de qualquer outro requisito (é o que resulta do n.º 1 do artigo 16.º da LFFF). Como durante o período de licença cessam os direitos, deveres e garantias das partes, na medida em que pressuponham a efectiva prestação do trabalho, nos termos do n.º 6 do artigo 16.º da LFFF, o trabalhador terá plena liberdade, durante esse período, para celebrar outro contrato de trabalho, pelo qual se submete à direcção e autoridade de pessoa diversa do seu empregador. O contrato de trabalho com o empregador inicial, não obstante, mantém-se, segundo o disposto no n.º 1 do artigo 17.º da LFFF, tendo o trabalhador direito ao reingresso na estrutura organizativa do seu empregador original.

Pelo que expusemos, estamos em crer que se dá um relevo à questão da limitação da liberdade de trabalho por força da imposição de outros requisitos para a licitude da cedência ocasional, para além do acordo do trabalhador, que ela, afinal, não reveste. Quando analisámos esses requisitos, vimos que a vinculação do trabalhador ao cedente por contrato sem termo (na interpretação restritiva que propusemos da norma) resulta já da aplicação das normas gerais, já que o objecto de um contrato não pode contrariar normas legais injuntivas. Quanto à relação entre cedente e cessionário que tem de se verificar para que o trabalhador possa ser cedido, concluímos que o requisito abrange um vasto leque de relações, de contornos altamente fluidos. Por isso, o requisito substancial de licitude fundamental que a lei impõe para esta modalidade de cedência é, em nosso entender, o acordo do trabalhador.

De qualquer modo, admitimos que há uma delimitação efectiva das relações entre cedente e cessionário que legitimam o recurso à cedência, o que, aparentemente, permitiria a subsistência da crítica. Mas os instrumentos de Direito Comum e de Direito do Trabalho, a que as partes podem por acordo aceder, acabam por esvaziar o seu conteúdo.

2. Requisitos formais de licitude

Para a cedência ocasional mediante o acordo do trabalhador, o legislador estabeleceu requisitos de forma.

No artigo 28.º, n.º 1, prevê-se a forma escrita para o contrato de cedência ocasional de um trabalhador. Além disso, a norma especifica que deve constar do contrato, para além da assinatura do cedente e do cessionário, a identificação do trabalhador cedido temporariamente, a função a executar, a data de início da cedência e a sua duração, certa ou incerta. Por último, a declaração de concordância do trabalhador tem de constar do documento, para que a cedência seja legítima, segundo o disposto no n.º 2 do 28.º.

A imposição de forma especial para o contrato de cedência no grupo de situações que ora nos ocupa terá sido ditada, essencialmente, por preocupações de certeza jurídica sobre a situação do trabalhador [101].

---

[101] A inspiração por necessidades de certeza jurídica é, aliás, genérica para as normas que impõem requisitos formais para a validade ou prova de certos actos jurídicos, como sublinha BAPTISTA MACHADO, *Introdução ao Direito e ao Discurso Legitimador*, Almedina, Coimbra, 1989, p. 57.

Modalidades de cedência — cedência ocasional 93

Repare-se que a consagração legal desta modalidade de cedência não contém qualquer tipo de limitação às funções para cujo exercício um trabalhador pode ser cedido. Na cedência em situação de formação e em ambiente de grupo, a delimitação das funções a exercer enquanto a cedência perdura decorre da própria lei, como vimos na análise dos regimes jurídicos respectivos. Na cedência ocasional regulada em IRCT, o legislador deixou para o nível das relações laborais colectivas a regulamentação dessa questão. Mas no que respeita à cedência ocasional mediante o acordo do trabalhador, só de cada contrato de cedência em concreto resulta a delimitação das funções a exercer pelo trabalhador. Por isso, a redução a escrito do contrato permite ao trabalhador defender-se contra o exercício pelo cessionário do poder de direcção num sentido diverso do que foi acordado no momento da celebração do contrato de cedência.

Por outro lado, só o contrato permite ao trabalhador criar expectativas em relação à duração da situação de cedência. Ou seja, não resultando essa duração sequer da delimitação dos objectivos das partes que legitimam o recurso à cedência, já que a lei não a faz, só o próprio contrato de cedência a pode, ao menos, indiciar (o artigo 28.º não impõe a fixação pelas partes de uma duração certa). O que não se verifica, como vimos, em relação às outras modalidades de cedência, de cuja duração o trabalhador poderá ter uma ideia, seja através das limitações funcionais que a lei lhes impõe, no que respeita à cedência em situação de formação e em ambiente de grupo, seja do regime fixado em regulamentação colectiva, quanto a esta modalidade.

Assim, uma vez que o objecto do contrato de cedência ocasional regulado pelo artigo 27.º e seguintes tem como elemento conformador apenas a autonomia das partes, terá o legislador entendido ser necessário que essa conformação fosse formalizada. A situação do trabalhador ganha, por essa formalização, em certeza, pois aquela vinculação limita os termos do exercício, pelo cessionário, do poder de direcção, bem como da duração da cedência.

94   *Cedência de trabalhadores*

Por outro lado, tendo em conta que, nesta modalidade de cedência, o acordo do trabalhador se configura como requisito de licitude, a formalização do contrato permite que o trabalhador conheça com precisão os termos da cedência com que concorda [102].

Finalmente, a opção do legislador terá sido também ditada por razões de prova. A lei garante ao trabalhador, por via da norma que agora nos ocupa, um meio especial de prova da situação de cedência em que se encontra.

Da cedência do trabalhador resultará uma precarização do seu vínculo laboral inicial, nomeadamente em termos de representação social. O facto de o trabalhador se dirigir diariamente a um local de trabalho diverso daquele para onde se dirigia antes, que se sabe pertença de uma empresa diferente, que não o anterior empregador, criará, com rapidez, a imagem social de que o trabalhador quebrou o vínculo com o seu anterior empregador, trabalhando agora para aquele em cujas instalações desenvolve a prestação laboral. Esta precarização poderá assumir ainda um maior relevo nas situações em que o vínculo contratual ao empregador cedente não está documentado (o contrato de trabalho não está, salvo quando a lei expressamente determinar o contrário, sujeito a qualquer formalidade, nos termos do artigo 6.º da LCT), pois a prova desse vínculo tornar-se-á extremamente difícil, sendo que, na invocação dos seus direitos perante o empregador, é o trabalhador que tem de provar, nos termos gerais da distribuição do ónus da prova, a existência de contrato de trabalho, visto tratar-se de facto constitutivo dos seus direitos (a respectiva prova cabe a quem os invoca, nos termos do n.º 1 do artigo 342.º do Código Civil). Assim sendo, uma vez que só o contrato de cedência legitima que o trabalhador se mantenha vinculado a determinado empregador, mas a executar a sua prestação laboral perante e sob direcção de outra entidade, percebe-se

---

[102] A possibilidade de uma acrescida reflexão sobre o conteúdo do negócio é uma das justificações usualmente invocadas para a imposição de normas de forma, como indica MENEZES CORDEIRO, *Teoria Geral do Direito Civil* (2.ª edição revista e actualizada), volume I, AAFDL, Lisboa, 1992, pp. 653-654. As outras são razões de solenidade e prova.

que o legislador tenha querido tutelar os interesses do trabalhador, colocando à sua disposição um especial meio de prova da situação de cedência em que se encontra. Como o faz, aliás, em todos os casos em que a situação de trabalho se afasta do modelo tradicional [103].

É certo que nas modalidades de cedência antes referidas – em situação de formação, em ambiente de grupo e cedência ocasional regulada em instrumento de regulamentação colectiva, a precarização da situação laboral a nível da representação social ocorrerá exactamente nos mesmos termos em que a descrevemos para a cedência ocasional com o acordo do trabalhador. Mas ao passo que, naquelas situações, o trabalhador está sujeito à cedência por força de um instrumento normativo prévio a tal situação (a lei - as alíneas a) e b) do n.º 2 do artigo 26.º - ou um instrumento de regulamentação colectiva de trabalho), nesta a cedência assenta apenas no contrato, para o qual é necessária a manifestação de vontade das partes e do trabalhador. Não basta uma manifestação de vontade do empregador a ordenar a cedência, pois nenhum normativo prévio lho permite. Por isso, o trabalhador não tem apenas de provar o seu vínculo ao cedente, mas também a celebração do contrato de cedência. Ao passo que para um trabalhador cedido por força de uma das outras modalidades de cedência será apenas essencial a prova do vínculo ao cedente, pois quanto à situação de cedência em si, basta a análise do regime jurídico aplicável para se entender que ela poderia, pelo menos, ter ocorrido.

De qualquer modo, ainda que se admita que os trabalhadores cedidos com o seu acordo ficam numa posição privilegiada face aos demais, em termos de prova da situação em que se encontram, o problema cinge-se exactamente a esse nível: é um problema de prova. À demonstração em juízo da situação de cedência em que o trabalhador se encontra sempre são admitidos todos os meios de

---

[103] Refira-se, a título de exemplo, a exigência de forma especial para o contrato a termo (artigo 42.º da LCCT) e para o contrato de trabalho temporário (n.º 2 do artigo 18.º e artigo 19.º do Decreto-Lei n.º 358/89).

prova que a lei civil admite. A prova documental não é o único meio de prova admitido.

Refira-se, por último, que o artigo 28.º, que regula a forma do contrato de cedência ocasional mediante acordo do trabalhador, é a única norma que refere o carácter necessariamente temporário da cedência. Não obstante, já chegáramos à mesma conclusão através da análise do correspondente regime jurídico. Ao impor a ocasionalidade das modalidades de cedência que consagra na alínea c) do n.º 2 do artigo 26.º, o legislador impede a sua duração indeterminada. Caso contrário, o carácter excepcional, acidental, face ao normal desenvolvimento do contrato de trabalho, que a cedência nesta sede regulada tem de revestir, seria frustrada pela sua duração indeterminada.

3. Consequências da ilicitude

A lei fixa consequências para o recurso a esta modalidade de cedência em violação aos requisitos fixados.

Sendo violados os requisitos de licitude que a lei fixa, *o trabalhador não está obrigado ao cumprimento da ordem*, nos termos da alínea c) do n.º 1 do artigo 20.º da LCT, pois o dever de obediência cessa perante a violação da proibição de cedência, que constitui uma garantia do trabalhador. Por isso, o trabalhador tem sempre o direito de não se dirigir à empresa do cessionário, ou de regressar à empresa do cedente, caso a cedência tenha chegado a efectivar-se.

Por outro lado, o legislador tutelou também, a nível da *responsabilidade contra-ordenacional do cedente e do cessionário*, o respeito pelos requisitos de licitude enunciados [104]. Essa tutela

---

[104] Sublinhe-se que os montantes das coimas aplicáveis pela prática de contra-ordenações laborais foram objecto de relevante actualização pela Lei n.º 116/99, de 4 de Agosto (Regime Geral das Contra-Ordenações Laborais). Tal aconteceu, do mesmo modo, em sede de contra-ordenações aplicáveis pela violação do disposto na Lei do Trabalho Temporário, em virtude da redacção do artigo 31.º introduzida pela Lei n.º 146/99.

Modalidades de cedência — cedência ocasional   97

abrange, por efeito da remissão da alínea c) do n.º 2 do artigo 31.º para o artigo 26.º, a violação de qualquer dos requisitos de licitude fixados para as várias modalidades de cedência.

Além disso, para a violação dos requisitos *substanciais* e *formais* de licitude da cedência ocasional prevista no artigo 27º, a lei fixou ainda: a *concessão ao trabalhador do direito de optar pela vinculação ao cessionário por contrato de trabalho sem termo*, nos termos do n.º 1 do artigo 30.º. Esta consequência acresce, portanto, às que enunciámos.

O legislador quis permitir a cedência apenas nas situações que consagrou. No caso de um desvio entre a efectiva configuração da cedência e as situações legalmente admitidas, o legislador entendeu que a cisão do poder de direcção do empregador deixa de ser lícita. Desde logo, essa ilicitude determina a não sujeição do trabalhador a uma ordem do seu empregador no sentido da cedência. Mas, além disso, a lei consagrou o direito de opção que referimos, contemplando as situações em que, não obstante a ilicitude da cedência, ela tivesse produzido os seus efeitos, estando o trabalhador plenamente integrado numa estrutura produtiva diversa da do seu empregador. Nessas situações, o direito de opção é reconhecido ao trabalhador, para evitar o sacrifício que representaria voltar a uma empresa em que o trabalhador já não se sentiria integrado. Não se concedendo ao trabalhador este direito de opção, ele poderia ser prejudicado duas vezes pela ordem ilícita de cedência: no momento em que teve de sair da empresa do seu empregador, para passar a desenvolver a sua prestação laboral em subordinação ao cessionário, e quando regressa à primeira empresa, abandonando a empresa do cessionário, na qual já se encontrava plenamente integrado. Concede-se, portanto, ao trabalhador esta forma de reacção contra os casos em que, sob a aparência de uma cedência, se mantiver entre trabalhador e cessionário uma relação que configuraria o normal desenvolvimento do vínculo laboral.

Não encontrando a cedência cobertura legal em nenhuma das modalidades reguladas nas alíneas a), b) e c) (1.ª parte) do n.º 2 do artigo 26.º, e não se preenchendo os requisitos de licitude da modalidade regulada nos artigos 27.º e 28.º, o trabalhador tem, portanto, o direito de opção. Entre o seu original empregador, com quem mantém o vínculo contratual inicial, e ao qual poderá legitimamente regressar, já que a cedência não é lícita (e o trabalhador não está obrigado ao cumprimento de ordens ilegais), e o cessionário, perante o qual vem a desempenhar as suas funções. Nos termos do n.º 2 do artigo 30.º, esse direito tem de ser exercido até ao termo da cedência, mediante comunicação ao cedente e ao cessionário em carta registada com aviso de recepção.

CAPÍTULO III

CONCEITO DE CEDÊNCIA

1. Traços fundamentais do regime jurídico

Realizada a análise das várias modalidades de cedência de trabalhadores consagradas na lei, e do regime jurídico que o legislador estabeleceu para cada uma delas, é já possível, por um lado, avançar conclusões quanto ao quadro geral de cedência que a lei desenha e, por outro, testar o conceito de cedência que antes antecipámos.

Cumpre relembrar os traços fundamentais típicos da cedência, cujo regime analisámos:

- estruturalmente, a cedência é um negócio jurídico bilateral, em que intervêm cedente e cessionário;
- a cedência implica uma *cisão da posição jurídica do empregador*: o cedente mantém o poder disciplinar e o poder de direcção quanto à determinação do cessionário e da duração da cedência, ao passo que o cessionário é titular do poder de direcção, na determinação concreta da prestação laboral;
- a cisão da posição jurídica do empregador é *temporária*;
- assim, o *vínculo contratual original, entre o cedente e o trabalhador mantém-se*, embora suspenso, no que respeita à

prestação principal [105], sendo que o trabalhador, findo o período em que a cedência produz os seus efeitos, regressa à estrutura produtiva do seu original empregador;
- a lei consagra quatro diferentes modalidades de cedência do trabalhador, cada uma com um regime jurídico diverso no que respeita aos requisitos de licitude;
- qualquer dessas modalidades está sujeita ao regime jurídico assim delineado, comum a todas as situações em que a lei admite a cedência de trabalhadores.

Delimitámos as modalidades de cedência que a lei consagra, que nomeámos como *cedência em situação de formação, cedência em ambiente de grupo* e *cedência ocasional* (que se divide em duas sub-modalidades: *regulada em instrumentos de regulamentação colectiva do trabalho* e *mediante acordo do trabalhador*).

Fora das modalidades de cedência que o legislador previu, opera a proibição que elevou a princípio geral; havendo cedência do trabalhador, ela é ilícita, com as consequências que essa ilicitude acarreta, e sobre as quais nos debruçámos em momento anterior: o trabalhador não está obrigado ao cumprimento da ordem que determine a cedência, pois o dever de obediência que o vincula cessa perante ordens ilegais; o trabalhador tem o direito de optar pela integração no efectivo do pessoal da empresa cessionária; cedente e cessionário são responsabilizados a nível contra-ordenacional.

2. Ocasionalidade como requisito de duas das modalidades de cedência de trabalhadores

Da análise do regime jurídico concluímos também que, não obstante a epígrafe que o legislador atribuiu ao Capítulo III do diploma legal que constitui objecto do nosso estudo, não é só a

---

[105] Neste sentido, ROMANO MARTINEZ, *Direito do Trabalho (contrato de trabalho)* cit., p. 340. A prestação principal está, efectivamente, suspensa. Mas os deveres acessórios que não dependam directamente desta prestação mantêm-se durante o período em que a cedência produz os seus efeitos.

Conceito de cedência

cedência ocasional de trabalhadores que é regulada por aquelas normas, não sendo essa a única modalidade de cedência que a lei admite. Nas modalidades de cedência em situação de formação e em ambiente de grupo, a cedência não é consagrada a título ocasional. Com efeito, as alíneas a) e b) do n.º 2 do artigo 26.º integram, funcionalmente, no conteúdo do contrato de trabalho, a possibilidade de cedência. Ou seja, por efeito da celebração do contrato, todos os trabalhadores passam a poder ser cedidos para efeitos de formação, e todos os quadros técnicos cuja contraparte no contrato seja uma empresa inserida num grupo passam, igualmente, a poder ser cedidos às outras empresas do grupo para exercício de funções técnicas ou de enquadramento de elevado grau.

O conceito de cedência com que o legislador opera não equivale, portanto, ao conceito de cedência ocasional. Como verificámos, a imposição da ocasionalidade traduz-se em que a cedência seja algo meramente acidental, excepcional e não habitual no desenvolvimento normal do programa acordado pelas partes no momento da celebração do contrato de trabalho. Ora, essa exigência legal está ausente na cedência em situação de formação ou em ambiente de grupo. Nessas situações, a possibilidade de o trabalhador executar a prestação a que está obrigado perante e em subordinação a uma entidade diversa do seu empregador não é meramente acidental, mas integra por força da lei o próprio conteúdo negocial do contrato de trabalho, e poderá ser utilizada não apenas a título excepcional, mas sempre que as circunstâncias que o legislador entendeu legitimá-la se verifiquem.

Discordamos, em consequência, da perspectiva de análise adoptada pelos autores que dedicaram a sua atenção à cedência de trabalhadores, no passo em que entendem que todas as modalidades de cedência consagradas na lei constituem modalidades de cedência ocasional [106]. Esta conclusão resultará de uma leitura apressada do

---

[106] Ver, em especial, DIAS COIMBRA, "Grupo societário (...)" cit. e MARIA REGINA REDINHA, "Da cedência ocasional de trabalhadores" cit.. ABEL FERREIRA, *Grupos de Empresas e Direito do Trabalho* cit., pp. 204 e seguintes e ROMANO MARTINEZ, *Direito do Trabalho (contrato de trabalho)* cit., pp. 349-350, não recusam a terminologia utilizada por DIAS COIMBRA e MARIA REGINA REDINHA.

102 *Cedência de trabalhadores*

regime, que não atende às especificidades que ele contém. Nomeadamente, não atende à qualificação, que a própria lei faz, de apenas duas das modalidades de cedência consagradas como *ocasionais*. Se o legislador não o fez nas demais, pretendeu, por certo, que assumissem características diversas.

Diferente é qualificar toda as modalidades de cedência consagradas como assumindo uma natureza temporária. Essa é, com efeito, natureza comum a todas elas, como resulta do regime jurídico. Mas o carácter temporário e a ocasionalidade são noções com dimensões diversas, como defendemos.

Assim, o conceito com que o legislador opera no regime jurídico da cedência é mais lato do que o de cedência ocasional.

3. O conceito de cedência de trabalhadores

No n.º 1 do artigo 26.º, o legislador proibiu a possibilidade de o *empregador disponibilizar um seu trabalhador a terceiro, a cujo poder de direcção o trabalhador fica sujeito, sem prejuízo do vínculo contratual inicial.*

De seguida, enumerou as hipóteses em que não encontra aplicação essa proibição. E todas elas se reconduzem àquele conceito, acrescendo que a disponibilização há-de ser, como resulta do regime jurídico, *temporária*. Essa natureza temporária resulta, como vimos, ou da limitação funcional a que o legislador procede nas hipóteses de cedência em situação de formação ou em ambiente de grupo, ou da imposição de que ela seja ocasional, quando é legitimada pela regulação em IRCT ou quando depende do acordo do trabalhador.

A este conceito são recondutíveis todas as modalidades de cedência consagradas na lei. Fora do preenchimento dos requisitos legais, a cedência é proibida.

PARTE II

NATUREZA JURÍDICA DA CEDÊNCIA DE TRABALHADORES

Na tentativa de delimitação da natureza juridica da cedência, a figura é geralmente apontada como apresentando pontos de contacto com, para além do *ius variandi* e da cessão de posição contratual e de créditos, as figuras do contrato a favor de terceiro, no âmbito do Direito Comum, e com o trabalho temporário, no contexto especial do Direito do Trabalho [107].

A aproximação com o *contrato a favor de terceiro*, regulado pelos artigos 443.º a 451.º do Código Civil, fica logo prejudicada pelo facto de o cessionário, *beneficiário* da prestação laboral, nunca ser um terceiro face ao contrato de cedência. O cessionário é sempre *parte* no contrato de cedência.

Por outro lado, no contrato a favor de terceiro, o devedor-promitente fica unicamente vinculado à realização da prestação a que se obrigou, perante terceiro. Na cedência, o trabalhador não só está obrigado a desenvolver a prestação laboral perante e sob autoridade e direcção do cessionário, como mantém com o empregador um vínculo jurídico que transcende essa obrigação. Com efeito, o empregador mantém o poder disciplinar, bem como o poder de direcção quanto à determinação do cessionário e à duração da cedência. Além disso, mantêm-se todos os direitos e deveres das partes no contrato de trabalho, conquanto não pressuponham a efectiva prestação do trabalho. Só a prestação principal está suspensa.

No que respeita ao *trabalho temporário*, já em momento anterior procedemos à delimitação entre aquela figura e a cedência de trabalhadores, pelo que remetemos para o que nesse passo

---

[107] Neste sentido, DIAS COIMBRA, "Grupo societário (...)" cit., p. 130-136.

afirmámos. Sublinhámos que a utilização do trabalhador temporário por terceiro é, exactamente, o fito do seu contrato de trabalho com a ETT. Já a admissibilidade legal da cedência é condicionada pelo legislador ou à prossecução de uma finalidade que ele próprio fixa (na cedência em situação de formação ou em ambiente de grupo), ou à assunção de um carácter puramente acidental face ao que será o normal desenvolvimento da prestação laboral. Daí a crítica à inserção sistemática da regulamentação legal da cedência de trabalhadores. O esquema do trabalho temporário reclama a celebração de um contrato de trabalho que foge ao modelo tradicional. Já a cedência de trabalhadores é um mecanismo que pode operar perante qualquer contrato de trabalho, na sua formulação mais tradicional. Pelo que a regulamentação da figura reclamaria a inserção num diploma que nitidamente se assumisse como uma lei geral do trabalho.

Por isso, limitámos a nossa escolha ao *ius variandi*, à cessão da posição contratual e à cessão de créditos, pelas grandes similitudes que podem apresentar com a cedência. A aproximação das figuras contribuirá para a determinação da natureza jurídica da cedência de trabalhadores.

CAPÍTULO I

A CEDÊNCIA COMO *IUS VARIANDI* ESPECIAL

Algumas das decisões jurisprudenciais sobre cedência de trabalhadores [108] reconduzem-na ao exercício pelo empregador do *ius variandi* que a lei lhe reconhece, nos n.ᵒˢ 7 e 8 do artigo 22.º da LCT.

Logo o primeiro acórdão sobre cedência de trabalhadores, do Supremo Tribunal Administrativo de 11 de Junho de 1975, faz essa referência. Dizia-se que "nada na nossa lei laboral impede que uma empresa autorize que trabalhadores seus vão prestar serviço a outra, com o acordo deles, continuando estes a pertencer aos seus quadros; antes o n.º 2 [109] do artigo 22.º do Regulamento Jurídico do Contrato de Trabalho permite que a entidade patronal, verificado o circunstancialismo do preceito, encarregue trabalhadores seus de serviços não compreendidos no objecto do contrato de trabalho" [110].

---

[108] A produção jurisprudencial sobre a cedência é, como já assinalámos, essencialmente anterior ao período de vigência do Decreto-Lei n.º 358/89. Não obstante, o regime consagrado, até pelas inúmeras dificuldades interpretativas que suscita (que fomos expondo ao longo da análise que empreendemos), manteve a actualidade da maior parte das questões que então eram discutidas.

[109] O *ius variandi* é actualmente regulado pelos n.ᵒˢ 7 e 8 do artigo 22.º da LCT. A alteração foi introduzida pela Lei n.º 21/96, de 23 de Julho - a famosa, por polémica, *lei da polivalência*.

[110] A decisão não permite uma interpretação unívoca. Se se pretendia incluir a cedência no âmbito do *ius variandi*, porquê a referência à necessidade do acordo do trabalhador, quando aquele é um poder unilateral do empregador, nos termos do actual

108 *Cedência de trabalhadores*

O acórdão da Relação do Porto, de 10 de Dezembro de 1986, por seu turno, afirma que "constitui exercício do seu *ius variandi*, de carácter excepcional, a cedência de trabalhadores de uma empresa (...) a outra sua congénere (...) e mantendo a cedente a sua posição contratual originária perante eles. Tal transferência implica a delegação pela cedente à cessionária dos seus poderes de direcção e controlo dos trabalhadores cedidos. Assim, impende sobre os trabalhadores cedidos a obrigação de obedecer às ordens legítimas recebidas de quem, perante eles, imediatamente representa a entidade patronal cessionária (...)."[111]

Em igual sentido, refira-se o acórdão do Supremo Tribunal de Justiça, de 24 de Janeiro de 1990 [112], que afirma que "o poder da entidade patronal ceder temporariamente a sua mão-de-obra a outra empresa situa-se no âmbito do *ius variandi*, não se enquadrando na figura do contrato temporário".

Finalmente, o acórdão do Supremo Tribunal de Justiça de 18 de Novembro de 1997 [113], já no período de vigência da regulamentação da cedência de trabalhadores, declara que "a cedência de trabalhadores de uma empresa a outra, com manutenção do vínculo laboral com a primeira, poderá configurar uma situação excepcional de *ius variandi*, permitida pelo disposto no n.º 2 do artigo 22.º da LCT" [114].

---

n.º 7 do artigo 22.º da LCT? Além disso, apenas se refere a implicação do *ius variandi* no plano da alteração da categoria do trabalhador, que pode nem sequer estar em causa numa situação de cedência. O que sempre se verificará nas hipóteses de cedência é a alteração do titular do direito à prestação e do poder de direcção.

[111] Na situação de facto que é objecto do acórdão indicado reúnem-se, com efeito, os pressupostos do *ius variandi* enunciados nos n.ᵒˢ 7 e 8 do artigo 22.º da LCT: a determinação era temporária e imposta pelo interesse da empresa, sendo que não implicava a diminuição de retribuição nem a modificação substancial da posição dos trabalhadores (aliás, a intenção da cedência era, exactamente, garantir a manutenção destas condições).

[112] In *Acórdãos Doutrinais do Supremo Tribunal Administrativo*, n.º 347, 1990, pp. 1435-1441.

[113] Processo n.º 120/97, 4.ª Secção.

[114] Já na data do acórdão a norma que regulava o *ius variandi* era o n.º 7 do artigo 22.º da LCT.

Como se verifica, por várias vezes a jurisprudência decidiu no sentido de a cedência de trabalhadores não ser mais do que o exercício do *ius variandi*, poder reconhecido ao empregador, nos termos dos n.os 7 e 8 do artigo 22.º da LCT.

Na modalidade de cedência ocasional mediante o acordo do trabalhador (regulada nos artigos 27.º e seguintes), nunca será possível a sua perfeita recondução ao *ius variandi*, pois aquele é configurado, em termos inequívocos, como um poder do empregador, a cujo exercício o trabalhador se encontra sujeito, sem nunca ser necessário o seu acordo para o legítimo exercício desse poder. Restam as hipóteses em que o legislador admitiu que o trabalhador seja cedido sem exigir o seu acordo, em concreto, como requisito de licitude do contrato, isto é, as situações previstas nas alíneas a) e b) e na primeira parte da alínea c) do n.º 2 do artigo 26.º. Estaremos, nestas situações, perante um *ius variandi* especial do empregador? De seguida procuraremos responder a esta questão.

1. Conceito e requisitos do *ius variandi*

Como já referimos, a prestação de trabalho concretiza-se de acordo com as indicações dadas pelo empregador. Do contrato de trabalho é traço típico a indeterminação do objecto. A prestação laboral é determinada durante a respectiva execução, de acordo com as indicações do empregador.

O trabalhador que tenha desempenhado durante um período as suas funções em determinadas condições pode vê-las alteradas, por declaração de vontade, unilateral, do empregador. A prestação laboral é desenvolvida no interesse do empregador, pelo que se admite que este a conforme como mais lhe convier, em função dos interesses que pretende ver prosseguidos [115]. É nisto que consiste o poder de direcção: compete à entidade patronal fixar os termos

---

[115] ROMANO MARTINEZ, *Direito do Trabalho (contrato de trabalho)* cit., p. 269.

110 *Cedência de trabalhadores*

em que deve ser prestado o trabalho, nos termos do n.º 1 do artigo 39.º da LCT.

Como afirma LOBO XAVIER [116], o trabalhador tem, em geral, uma obrigação, emergente da previsibilidade de desenvolvimento contratual, de dar resposta à evolução ligada à própria prestação.

Mas este poder do empregador não se pode expandir para além do que permite o contrato de trabalho. No momento da celebração do contrato, as partes acordam quanto ao conteúdo da prestação laboral e às condições em que esta há-de ser desenvolvida. Quanto maior a indeterminação que tais cláusulas contratuais revestirem, menos apertadas serão as malhas em que se pode desenvolver o poder de direcção do empregador. Seja como for, não pode o empregador violar os termos do contrato.

Todavia, o legislador entendeu que, verificadas certas circunstâncias, se justificaria que o empregador pudesse impor ao trabalhador a alteração do programa contratual inicial. Haverá situações em que a boa fé não exige que se imponha ao empregador o sacrifício dos seus interesses, por não poder alterar as condições da prestação laboral que foram acordadas no momento da celebração. Por tal motivo, a lei reconheceu ao empregador a possibilidade de, na conformação das condições da prestação laboral, exceder os limites impostos pelo próprio contrato de trabalho, verificados certos requisitos. Em tal possibilidade se traduz o *ius variandi*.

Assim, estaremos já no âmbito do *ius variandi* (e não no do normal exercício do poder de direcção) quando "a alteração determinada pelo empregador esteja em contradição com o chamado programa contratual"[117]. O *ius variandi* consiste num "desvio das regras contratuais comuns"[118]. Como MENEZES CORDEIRO

---

[116] LOBO XAVIER, *Curso de Direito do Trabalho* cit., p. 327.

[117] ROMANO MARTINEZ, *Direito do Trabalho (contrato de trabalho)* cit., p. 273.

[118] NUNES DE CARVALHO, "*Ius variandi* – horário de trabalho", *Revista de Direito e Estudos Sociais*, ano VII da 2.ª Série, 1, 2 e 3, 1992, pp. 142.

A *cedência como* ius variandi *especial*

sublinha, alterações desta natureza assumem, necessariamente, uma natureza extraordinária, e são directamente baseadas na lei [119].

O exercício do *ius variandi* é legalmente condicionado à verificação de vários requisitos, que passamos a enunciar.

O primeiro requisito imposto pelo n.º 7 do artigo 22.º da LCT é que *não exista estipulação em contrário*. Pode o contrato individual de trabalho ou o instrumento de regulamentação colectiva restringir [120] o *ius variandi* legalmente reconhecido ao empregador.

---

[119] MENEZES CORDEIRO, *Direito do Trabalho* cit., p. 679. A fonte do *ius variandi* é, portanto, a própria lei, e não o contrato de trabalho. O conteúdo do contrato integra a possibilidade de alteração das condições de prestação do trabalho não porque as partes em tal tenham acordado, mas porque a lei assim o determina.

[120] Quanto à regulamentação do *ius variandi* no sentido de o admitir com mais latitude do que a que resulta da lei, prescindindo de algum(ns) dos requisitos que ela estatui, ela não é possível. O contrato de trabalho não poderá fixar um regime mais desfavorável para o trabalhador do que o que resulta da lei. Só quando estabeleça tratamento mais favorável se admite o contrato à regulamentação, preterindo a aplicação das normas legais supletivas, nos termos do n.º 2 do artigo 14.º da LCT. Quanto aos instrumentos de regulamentação colectiva, a mesma solução resulta da alínea c) do n.º 1 do artigo 6.º da LIRCT.

No que respeita, em sentido inverso, à exclusão da possibilidade do exercício do *ius variandi*, não cremos que possa ocorrer. Nomeadamente, porque se podem configurar situações em que o seu exercício traduz uma medida de última instância para viabilizar a empresa e, assim, garantir o interesse máximo do trabalhador na manutenção do posto de trabalho. Perfilhamos a opinião expressa por MÁRIO PINTO / FURTADO MARTINS / NUNES DE CARVALHO, *Comentário às Leis do Trabalho*, volume I, Lex, Lisboa, 1994, p. 111: "não é lícito excluir, pura e simplesmente, qualquer variação. Com efeito, se o alargamento da prestação se funda no princípio da boa fé (e, porventura, no dever de colaboração que incumbe ao trabalhador), não é de admitir a sua erradicação pura e simples." É certo que o mesmo argumento valerá para os casos de mera restrição do *ius variandi*, quando, em concreto, uma situação de força maior venha a demonstrar que a possibilidade de o empregador recorrer a tal poder, como poderia fazer se a restrição contratual não existisse, deriva do princípio da boa fé. Mas sempre, em relação a qualquer cláusula (do contrato individual de trabalho ou do instrumento de regulamentação colectiva) que restrinja o *ius variandi* do empregador, haverá que ponderar, como indica MENEZES CORDEIRO, *Manual de Direito do Trabalho* cit., p. 681, "se houve intenção de cobrir aquela concreta superveniência que, objectivamente, venha a reclamar o seu exercício". Poderão, portanto, em situações extremas, quando o princípio da boa fé o imponha, ser transcendidos os limites fixados pela regulamentação colectiva ou pelo contrato de trabalho.

Não existindo nenhuma cláusula que regule o *ius variandi* no contrato ou no IRCT, é possível o seu exercício mediante os requisitos definidos na lei.

O segundo requisito imposto pela lei é o de que a alteração das condições de prestação do trabalho assim determinadas pelo empregador sejam exigidas pelo *interesse da empresa*. Repare-se que o interesse que justifica o *ius variandi* não pode ser um mero capricho do empregador [121]. O interesse da empresa relevante há-de ser impulsionado por factores externos ao mero arbítrio do empregador. E será suficientemente importante para impor a alteração das condições que foram fixadas pelo contrato de trabalho. Ou, nas palavras de MENEZES CORDEIRO, "apenas esse interesse, objectivamente apreciado, permite a ultrapassagem dos quadros negociais" [122]. O interesse será, pois apreciado em termos objectivos [123]. Considerar-se-á a conjuntura objectiva que a empresa vive como determinante do exercício do *ius variandi*.

Impõe ainda a lei que a alteração das condições da prestação laboral seja *temporária*. Quanto à dificuldade de concretizar o que seja uma alteração temporária já nos manifestámos em momento anterior. Se as balizas temporais não estiverem especificadas [124],

---

[121] MONTEIRO FERNANDES, *Direito do Trabalho* cit., p. 199, adianta que o interesse da empresa relevante para os efeitos do n.º 7 do artigo 22.º da LCT é um "interesse de carácter objectivo, ligado a ocorrências ou situações anómalas na vida da empresa, e que portanto se não confunde com as conveniências pessoais do dador de trabalho ou empresário."

[122] MENEZES CORDEIRO, *Manual de Direito do Trabalho* cit., p. 680. No mesmo sentido, quanto à necessidade de determinar, objectivamente, um interesse da empresa que justifique a alteração, ROMANO MARTINEZ, *Direito do Trabalho (contrato de trabalho)* cit., p. 274.

[123] MÁRIO PINTO / FURTADO MARTINS / NUNES DE CARVALHO, *Comentário às Leis do Trabalho* cit., p. 112, chamam a atenção para o facto de não se poder "pretender ajuizar da conveniência ou não do acto de gestão que se consubstancia na variação das funções do trabalhador. Cabe apenas verificar se esse acto decorre de exigências gestionárias, no quadro de uma gestão racional da organização."

[124] A duração do exercício do *ius variandi* pode ser balizada pelo próprio empregador no momento em que dá a ordem.

A *cedência como* ius variandi *especial*   113

fica absolutamente por determinar a duração da alteração provocada pelo *ius variandi*, sendo que a delimitação dessa duração é requisito do legítimo exercício daquele poder, porque o *ius variandi* se destina a atender a situações anómalas [125]. A jurisprudência tem sido chamada a pronunciar-se sobre a duração possível do *ius variandi* [126]. Também os nossos tribunais não têm avançado no sentido de delimitar a duração possível do exercício do *ius variandi*. De qualquer forma, pode concluir-se, pelas decisões dos casos concretos em que se têm pronunciado, que entendem que a natureza temporária do *ius* não contemporiza com o arrastamento da situação durante anos.

Sugerimos, para a concretização do conceito, o recurso ao prazo máximo fixado para o contrato a termo certo (três anos, nos termos do n.º 2 do artigo 44.º da LCCT). Repare-se que as situações em que o legislador admitiu a contratação a termo assumem uma natureza nitidamente temporária, transitória. A lei apenas admite o contrato a termo exactamente porque reconhece a existência de situações em que o empregador necessita, apenas temporariamente, de mão-de-obra. Mesmo nessas situações, o legislador estabeleceu um prazo máximo para a duração do contrato, para evitar que se mantivesse uma situação que, afinal, justificaria já a celebração de um contrato sem termo. No que ao

---

[125] LOBO XAVIER, *Curso de Direito do Trabalho* cit., p. 329.

[126] Vejam-se, por exemplo: o acórdão do Supremo Tribunal de Justiça de 25 de Março de 1992 (Processo n.º 3212; Relator: Barbieri Cardoso), que decidiu que a manutenção da situação de alteração das funções exercidas "durante mais de *seis ou sete anos*" era demasiado longa para que se pudesse considerar temporária e, por isso, não se podia considerar um exercício legítimo de *ius variandi*; o acórdão da Secção Social do Tribunal de Relação de Lisboa, de 9 de Junho de 1993 (in *Colectânea de Jurisprudência*, tomo III, 1993, p. 185), onde se lê que "deve considerar-se como definitiva a afectação de um trabalhador ao serviço de funções diferentes daquelas para que fora contratualmente qualificado, se essa afectação se prolongar por mais de *dois anos*"; e ainda o acórdão do Supremo Tribunal de Justiça de 10 de Maio de 1995 (Processo n.º 4423; Relator: Dias Simão), que decidiu que "*dez anos*" é demasiado tempo para que o exercício de determinadas funções seja considerado como temporário.

ius variandi respeita, valem as mesmas razões de decidir. Ou seja, as alterações provocadas pelo seu exercício hão-de ter um limite de duração máximo, ou já não serão temporárias, correspondendo, antes, à efectiva alteração da categoria do trabalhador, com as consequências que daí decorrem (fundamentalmente a nível retributivo). Pelo que, valendo as mesmas razões de decidir, propomos a utilização do prazo de três anos fixado para o contrato a termo para balizar a duração máxima das alterações provocadas pelo *ius variandi*. Sem prejuízo de, perante a análise de uma situação de concreto exercício do *ius variandi*, se poder concluir que uma duração que não atinja sequer os três anos já impede a qualificação da variação como temporária.

No plano das consequências jurídicas do exercício do *ius variandi*, a lei estatui que a alteração determinada pelo empregador não pode implicar *diminuição da retribuição* nem *modificação substancial da posição do trabalhador*. Para concretização deste conceito indeterminado, propõe ROMANO MARTINEZ [127] que se atenda ao sacrifício que a alteração constitui para o trabalhador (se o sacrifício for excessivo, não será preservada a identidade substancial da posição do trabalhador dentro da empresa, pelo que o exercício do *ius variandi* não será admissível), à hierarquia e dignidade das funções a exercer (não é lícita a alteração por força da qual o trabalhador passe a exercer funções que, dada a sua posição hierárquica na empresa, possam ser consideradas vexatórias) [128] e à preparação do trabalhador para responder à alteração (não é admissível, por exemplo, que o trabalhador seja obrigado a desenvolver funções para as quais não tem preparação técnica). Entende-se que, mesmo quando exista um interesse relevante da empresa que justifique o exercício do *ius variandi*, ele deve parar perante a situação de um trabalhador cuja posição seja substan-

---

[127] ROMANO MARTINEZ, *Direito do Trabalho (contrato de trabalho)* cit., p. 275.

[128] Ou seja, a perturbação do nível hierárquico, possível por força do exercício do *ius variandi*, não pode provocar o desprestígio ou afectar a dignidade profissional do trabalhador.

A *cedência como* ius variandi *especial* 115

cialmente modificada. O legislador exige que o empregador faça uma ponderação, em concreto, entre o seu interesse e o sacrifício imposto ao trabalhador.

Como consequência do exercício do *ius variandi*, a lei estatui ainda que, se ao exercício dos serviços temporariamente desempenhados corresponder um *tratamento mais favorável* do que aquele a que o trabalhador tem direito nos termos do pontual cumprimento da prestação contratualmente fixada, é a esse tratamento que o trabalhador tem direito durante aquele período de tempo.

Exercido o *ius variandi* dentro do quadro fixado na lei, o trabalhador fica obrigado ao desenvolvimento da prestação laboral nos termos que o empregador determinou [129].

Através da consagração do *ius variandi*, a lei reconhece a instrumentalidade do contrato de trabalho relativamente às finalidades da organização em que o trabalhador se insere. Sobrevindo especiais necessidades inerentes ao funcionamento dessa organização, admite-se uma alteração ao programa contratual inicial, em ordem a viabilizar a satisfação dessas necessidades. A consagração legal deste poder tem como fundamento último o princípio da boa fé, que "requer que cada uma das partes ajuste o seu comportamento debitório por forma a que a outra parte possa obter a finalidade para cujo fim destina a prestação" [130].

Conhecidos os requisitos do exercício pelo empregador do *ius variandi*, resta averiguar os contornos do seu objecto. O objecto possível deste poder será apenas a determinação do trabalhador à

---

[129] Em sentido contrário se manifestou o acórdão da Relação de Lisboa, de 17 de Julho de 1985, in *Colectânea de Jurisprudência*, ano X, tomo IV, 1985, pp. 192-195, erigindo o acordo do trabalhador como requisito do *ius variandi*. Não é essa a solução que resulta da lei: o *ius variandi* é um poder do empregador. Na situação concreta que é objecto do acórdão, o *ius variandi* é regulado por uma PRT. Quando muito, a exigência do acordo do trabalhador podia resultar do instrumento de regulamentação colectiva. Não resulta, certamente, do regime constante dos n.os 7 e 8 do artigo 22.º da LCT.

[130] MÁRIO PINTO / FURTADO MARTINS / NUNES DE CARVALHO, *Comentário às Leis do Trabalho* cit., p. 111.

prestação de "serviços não compreendidos no objecto do contrato", nos termos do disposto no n.º 7 do artigo 22.º da LCT, ou poderá o empregador, no seu exercício, determinar outras alterações das condições de prestação do trabalho?

2. Objecto do *ius variandi*

Nos termos do n.º 7 do artigo 22.º da LCT, o trabalhador pode ser chamado, verificado o circunstancialismo do preceito, ao desempenho de funções diversas daquelas para que foi contratado [131]. A doutrina tem vindo a admitir a aplicação analógica da norma à alteração das condições da prestação de trabalho, *maxime* do horário e do local de trabalho [132]. Com efeito, o mesmo interesse da empresa que justifica o exercício do *ius variandi* quanto às funções a exercer pode perfeitamente justificar a alteração temporária das coordenadas espaciais e temporais em que a prestação laboral usualmente se desenvolve. A alteração será legítima, e o trabalhador deverá conformar a sua actuação a ela, desde que se verifiquem os requisitos que acima enunciámos [133].

---

[131] O princípio da irreversibilidade da categoria, garantia do trabalhador consagrada na alínea d) do n.º 1 do artigo 21.º da LCT, não contende com o regresso do trabalhador ao exercício das funções para que foi contratado, ainda que pertençam a uma categoria inferior. O princípio respeita à categoria *do trabalhador*, ou seja, às funções que desempenha no normal desenvolvimento do contrato de trabalho, e não a um conjunto de funções que, por motivos excepcionais e a título meramente transitório, é chamado a exercer. O mesmo raciocínio vale para a irreversibilidade da retribuição (consagrada na alínea c) do preceito *supra* referido da LCT) quando às funções temporariamente desenvolvidas por força do *ius variandi* corresponda uma retribuição superior à do trabalhador.

[132] Neste sentido, MENEZES CORDEIRO, *Manual de Direito do Trabalho* cit., p. 681; LIBERAL FERNANDES, "Alteração unilateral do horário de trabalho", *Questões Laborais*, ano I, 3 1994, pp. 161-166; MÁRIO PINTO / FURTADO MARTINS / NUNES DE CARVALHO, *Comentário às Leis do Trabalho* cit., pp. 114-115.

[133] Em Espanha, a modificação das condições de trabalho é objecto de regulamentação autónoma. O artigo 39.º do *Estatuto del Trabajador* regula a mobilidade funcional dos trabalhadores, consagrando um amplo poder do empregador.

A averiguação dos limites do objecto possível do *ius variandi* dirige-se, no tema que versamos, a saber se, ao abrigo do disposto nos n.ᵒˢ 7 e 8 do artigo 22.º da LCT, um trabalhador pode ser cedido a empresa diversa da do seu empregador. Como vimos, em vários acórdãos anteriores ao Decreto-Lei n.º 358/89 se entendeu que sim [134]. O acórdão do Supremo Tribunal de Justiça, de 18 de Novembro de 1997, já no período de vigência deste diploma, decidiu que "a cedência de trabalhadores de uma empresa a outra, com manutenção do vínculo laboral com a primeira, poderá configurar uma situação excepcional de *ius variandi* permitida pelo disposto no n.º 2 do artigo 22.º da LCT". Por nossa parte, somos forçados a discordar.

À luz do regime jurídico anterior ao Decreto-Lei n.º 358/89, quando não existia qualquer regulamentação jurídica específica da cedência de trabalhadores, a discussão era possível. Com efeito, podia entender-se que a alteração temporária da titularidade do poder de direcção, imposta pelo interesse da empresa, configuraria uma concretização do exercício do *ius variandi*. O local de trabalho seria alterado [135] em função da transferência do direito à prestação laboral. Mas o horário e a categoria podiam não o ser.

A alteração das condições substanciais (ou seja, as que não são meramente acessórias, porque a variação dessas reconduz-se ao poder de direcção, na concretização da prestação laboral, necessariamente genérica) é regulada no artigo 41.º do *Estatuto del Trabajador*, no qual se prevê a alteração das coordenadas temporais em que se desenvolve o contrato de trabalho. Para a alteração das condições substanciais de prestação do trabalho, a lei impõe requisitos mais apertados do que para a mobilidade funcional; nomeadamente, exige que o empresário prove as razões técnicas, organizativas ou produtivas que a determinam. De qualquer forma, também a mobilidade funcional há-de ser sempre causal e limitada pelo princípio da boa fé. Neste sentido, SALA FRANCO, *El ordenamiento laboral español y los límites a la autonomia de las partes y a las facultades del empresario*, Ministerio de Trabajo y Seguridad Social, Madrid, 1987, pp. 51-86.

[134] No mesmo sentido se manifestava MONTEIRO FERNANDES, *Direito do Trabalho*, volume I (8.ª edição revista e actualizada), Almedina, Coimbra, 1992, p. 165, nota 1.

[135] Note-se que embora o local de trabalho, enquanto elemento do contrato, seja sempre alterado por força da cedência, o lugar, numa perspectiva de facto, onde o trabalhador desenvolve a sua prestação pode não o ser. Imagine-se a situação em que cedente e cessionário partilham o mesmo andar de um edifício, o que não é raro, quando se trata de empresas do mesmo grupo.

Maria Regina Redinha pronuncia-se contra a subsunção da cedência ao *ius variandi*, porque "além de uma alteração do objecto da prestação é, igualmente, atingido o conteúdo e a estrutura subjectiva da relação jurídico-laboral pela afectação do trabalhador a um novo posto de trabalho e pela sua colocação sob a orientação e direcção do cessionário". Entende a autora que "há variações de grau que transmudam a natureza"[136].

A natureza *intuitu personae* reconhecida ao contrato de trabalho é igualmente obstáculo à transferência das situações jurídicas de que as partes são titulares, quanto mais sem o acordo da contraparte. O carácter *intuitu personae* do contrato de trabalho tem vindo a ser posto em causa. Menezes Cordeiro nega-lhe tal natureza, já que o moderno Direito do Trabalho está massificado, havendo uma total substituibilidade entre os trabalhadores de iguais habilitações[137]. Em sentido absolutamente oposto, Lobo Xavier sublinha que "o contrato de trabalho é de carácter pessoal e pressupõe uma relação de confiança e de colaboração estreita, estando nele subjacente o acreditarem as partes em qualidades de honestidade, lealdade e confidencialidade fundamentais para a consecução da finalidade contratual"[138].

Não parece que a massificação do Direito do Trabalho implique a absoluta despersonalização do contrato entre empregador e trabalhador. Se assim fosse, como bem nota Romano Martinez, o trabalhador poder-se-ia "fazer substituir por um amigo"[139].

---

[136] Maria Regina Martinez, "Da cedência ocasional de trabalhadores" cit., p. 21.

[137] Menezes Cordeiro, *Manual de Direito do Trabalho* cit., p. 520. Para uma análise dos deveres de assistência e lealdade, que justificariam a alegada natureza comunitário-pessoal da relação jurídica laboral, concluindo pela inexistência, nos dias de hoje, de uma dogmática autónoma do Direito do Trabalho, ver Menezes Cordeiro, "Da situação jurídica laboral (...)" cit., pp. 103-127.

[138] Lobo Xavier, *Curso do Direito do Trabalho* cit., p. 296.

[139] Romano Martinez, *Direito do Trabalho (contrato de trabalho)* cit., p. 20. Com efeito, não obstante a massificação reinante no mercado de trabalho, uma vez contratado, o trabalhador torna-se infungível, dado o carácter pessoal da responsabilidade contratual e disciplinar.

A cedência como ius variandi *especial*

Como sabemos, não é aceitável essa substituição. Embora o contrato de trabalho já não assente, com efeito, numa relação comunitário-pessoal, em que haveria idealmente um contacto directo, constante e colaborante entre o empregador e os seus trabalhadores, ele continua a assentar numa relação fiduciária, baseada essencialmente nas qualidades profissionais do trabalhador, que tornam a prestação infungível. A ideia da confiança como fundamento da celebração do contrato de trabalho está, indubitavelmente, hoje posta em causa. Mas não pode deixar de ser admitida como "pressuposto da manutenção" do mesmo [140]. Não se pode, portanto, negar um cunho marcadamente pessoal à relação jurídica laboral.

Só que à nossa análise importa a perspectiva contrária, ou seja, a do trabalhador: será que, para ele, é igualmente infungível a prestação do empregador?

Cremos que, nesta perspectiva, a natureza *intuitu personae* do contrato sai ainda mais abalada. O trabalhador, muitas vezes, nem conhece o seu empregador, integrado numa organização hierárquica em que raras vezes se comunica com a última instância... [141] Admite-se que a alteração das funções a exercer pelo trabalhador tenha maior impacto na vida do trabalhador do que a alteração do titular do poder de direcção. Por isso, não nos choca admitir que, verificado o circunstancialismo descrito no n.º 7 do artigo 22.º da LCT, o empregador pudesse ceder um seu trabalhador, temporariamente, a outra empresa. Ou seja, a cedência de um trabalhador sem o seu acordo configuraria, pois, uma das vertentes possíveis do *ius variandi*: a da alteração subjectiva da prestação.

De qualquer modo, ainda que se reconheça à possibilidade que o empregador tem, hoje, de ceder um trabalhador sem seu o acordo, a natureza de *ius variandi*, a regulamentação da cedência de traba-

---

[140] ABEL FERREIRA, *Grupos de Empresas e Direito do Trabalho* cit., p. 79.

[141] Avulta nas grandes sociedades a existência de uma estrutura tecnocrática autónoma, de que resulta um considerável afastamento entre a titularidade formal do contrato de trabalho e o exercício efectivo dos poderes patronais. Essa estrutura é marcadamente impessoal.

lhadores pelo diploma legal que constitui objecto do nosso estudo tornou obsoletas anteriores controvérsias. Porque a licitude do recurso à cedência não pode ser unicamente apreciada face aos requisitos estabelecidos para o exercício daquele poder.

Hoje, com o regime jurídico que temos, a cedência de trabalhadores constitui um *ius variandi* especial, para o qual a lei estabelece requisitos de licitude mais apertados. Ainda que se verifiquem os requisitos enunciados no n.º 7 do artigo 22.º da LCT, e para quem entenda que o poder de exigir do trabalhador uma prestação *diferente* daquela a que se obrigou inclui a faculdade de o ceder a outra empresa, a cedência só poderá ter lugar dentro dos condicionalismos fixados pelo regime respectivo [142]. Verifica-se, assim, no que ao nosso estudo interessa, uma consumpção do regime do *ius variandi* pelo da cedência de trabalhadores.

A consideração da cedência como um *ius variandi* especial pode ter efeitos ao nível das consequências jurídicas, mas não releva no plano dos requisitos de licitude.

---

[142] Nesse sentido, MENEZES CORDEIRO, *Direito do Trabalho* cit., p. 681, nota 84.

CAPÍTULO II

A CEDÊNCIA COMO CESSÃO DE POSIÇÃO CONTRATUAL OU CESSÃO DE CRÉDITOS

A cedência de trabalhadores apresenta afinidades com a *cessão da posição contratual*, prevista no artigo 424.º do Código Civil. Com efeito, o cedente transmite ao cessionário "um acervo de direitos e deveres" [143] que, para ele, emergem do contrato de trabalho.

Tal como resulta dos artigos 20.º e 21.º, que regulam a cedência, por força do artigo 29.º, o cessionário passa a ser titular do poder de definir as condições de prestação de trabalho, o que é dizer, passa a ser titular do poder de direcção, situação jurídica antes incluída na posição contratual do cedente (n.º 1 do artigo 39.º e artigo 43.º da LCT). Ocorre, portanto, em função da cedência, a fragmentação da posição jurídica do empregador.

Mas a transmissão é meramente parcial, pois o cedente continua a manter na sua esfera jurídica direitos e deveres que emergem do contrato de trabalho. Recorde-se que a lei estatui a manutenção, pelo cedente, do poder disciplinar, nos termos do n.º6 do artigo 20.º (por remissão do artigo 29.º). O cedente mantém ainda o poder de direcção no que respeita à determinação do

---

[143] MENEZES CORDEIRO, *Direito das Obrigações*, volume II, AAFDL, Lisboa, 1994, p. 121.

cessionário e à duração da situação de cedência. Além disso, mantêm-se também os deveres acessórios decorrentes do contrato, enquanto não dependam necessariamente da prestação de trabalho.

Não há, então, por força da cedência de trabalhadores, a "transmissão em globo de direitos e deveres que caracteriza tipicamente a cessão de posição contratual. Não é a própria qualidade de contratante que muda de esfera" [144]. Como vimos, um dos traços típicos da cedência é a manutenção do vínculo contratual entre o trabalhador e o seu inicial empregador, a cuja empresa retornará, finda a cedência. Daí não se poder falar numa cessão da posição contratual, pois esta é global e definitiva [145]. Na cessão da posição contratual, o cedente perde, efectivamente, a qualidade de contraparte (do cedido) [146]. Não é esta a situação que se verifica em função da cedência. Aliás, é sempre o cedente que continua a ser a contraparte do trabalhador cedido. Entre este e o cessionário não se celebra um contrato de trabalho: o cessionário não mantém com o trabalhador um vínculo de natureza laboral.

Além disso, a cedência consistiria ainda numa cessão de posição meramente temporária: traduzindo o contrato de trabalho um vínculo duradouro, a cisão do estatuto do empregador não ocorre nesses termos, antes sendo, como concluímos, limitada em termos temporais.

Por fim, a cedência configura também uma transferência imperfeita, pois mantém-se o vínculo laboral inicial. Ou seja, finda a produção de efeitos da cedência, a cisão do estatuto do empregador cessa automaticamente, voltando esse estatuto a integrar plenamente as situações jurídicas que inicialmente o caracterizavam. Não é necessário um acto translativo subsequente para que o empregador recupere a titularidade das situações jurídicas

---

[144] MENEZES CORDEIRO, *Direito das Obrigações* cit., pp. 121-122.

[145] Aliás, é efeito da cessão a exoneração do cedente. Nesse sentido, ALMEIDA COSTA, *Direito das Obrigações* (5.ª edição), Almedina, Coimbra, 1991, pp. 699-670 e ANTUNES VARELA, *Direito das Obrigações* (7.ª edição revista e actualizada), volume II, Almedina, Coimbra, 1997, p. 400.

[146] ANTUNES VARELA, *Direito das Obrigações* cit., p. 401.

cedidas. Na perspectiva do empregador/cedente, os efeitos da cedência configuram-se como uma suspensão, e não como uma verdadeira transferência.

A aproximação entre as duas figuras só será possível se se admitir que a cessão de posição contratual pode revestir um carácter parcial, temporário e imperfeito, sendo que só se transmitiriam algumas das situações jurídicas que integram a posição contratual do cedente, apenas por um período delimitado, que voltariam, automaticamente, a integrar a esfera jurídica do cedente quando cessassem os efeitos da cessão. Parece que nada obsta que as partes, no âmbito da autonomia privada, celebrem um contrato com tal conteúdo. A aproximação da cedência a esta figura seria, então, de mais fácil realização.

Neste pressuposto assentará a opinião de ROMANO MARTINEZ, ao afirmar que a cedência de trabalhadores "corresponde a uma cessão da posição contratual com carácter *temporário*"[147]. Com efeito, durante um período de tempo determinado, o direito à prestação laboral mantém-se na titularidade de terceiro.

Admitimos, portanto, a possibilidade de aproximar a cedência da cessão de posição contratual, mas não em relação a todas as modalidades de cedência.

Para a cessão da posição contratual, a lei exige sempre a declaração de vontade da contraparte[148]. Não foi isso que concluímos para a cedência de trabalhadores. O acordo do trabalhador só é exigido para uma das modalidades de cedência que a lei consagra. Ao invés, o consentimento do cedido é elemento essencial espe-

---

[147] ROMANO MARTINEZ, *Direito do Trabalho (contrato de trabalho)* cit., p. 349.

[148] DIAS COIMBRA, "Grupo societário (...)" cit., p. 131. Refere ainda a posição de certos segmentos da doutrina (onde não se incluem os civilistas nacionais) que ensinam que a cessão da posição contratual "se traduz em negócio bilateral entre cedente e cessionário." O consenso da contraparte cedida "inscrever-se-ia à margem da composição contratual do negócio." De qualquer modo, a consequência da falta do consentimento da contraparte cedida é sempre a mesma: "a cessão da posição contratual tem-se por não consumada" (ANTUNES VARELA, *Direito das Obrigações* cit., pp. 398-399).

cífico [149] do contrato regulado nos artigos 424.º e seguintes do Código Civil.

Nas modalidades de cedência em situação de formação e em ambiente de grupo, nem sequer o acordo do trabalhador constitui um requisito de licitude da cedência. Por força da lei, a possibilidade de o trabalhador ser cedido nas situações previstas nas alíneas a) e b) do n.º 2 do artigo 26.º passa a integrar a própria maleabilidade da prestação laboral, sendo que, quando o empregador determina, dentro das possibilidades que a lei consagra, um seu trabalhador a executar as suas funções como resultam configuradas da cedência, fá-lo no normal exercício do seu poder de direcção. Quanto a estas modalidades de cedência, a aproximação à figura da cessão de posição sai prejudicada também por esta via.

Quando se trata de cedência ocasional regulada em instrumento de regulamentação colectiva do trabalho, igualmente o empregador pode determinar um seu trabalhador à cedência, sem ser necessário, em concreto, o acordo deste último. Mas nesta situação, a ductilidade da prestação laboral não é determinada pela lei, mas sim pelo IRCT em causa.

Já na hipótese de cedência ocasional nos termos do artigo 27.º e seguintes, o acordo do trabalhador (inscrito no documento que titula a cedência, nos termos do n.º 2 do artigo 28.º) é requisito de licitude do recurso à cedência, como dispõe a alínea c) do n.º 1 do artigo 27.º. Pelo que aquele tipo de cedência apresenta similitudes nítidas com figura da cessão de posição contratual.

Quanto às situações em que não é exigido o acordo do trabalhador, a aproximação resultará mais fácil à *cessão de créditos*, regulada pelos artigos 577.º e seguintes do Código Civil, pois aí admite-se a cessão do crédito independentemente do acordo

---

[149] Ou seja, elemento obrigatório de qualquer contrato de cessão da posição contratual (MENEZES CORDEIRO, *Teoria Geral do Direito Civil* cit., p. 551; CASTRO MENDES, *Teoria Geral do Direito Civil*, volume II, AAFDL, Lisboa, 1979, p. 214).

A cedência como cessão de posição contratual ou cessão de créditos 125

do devedor, que apenas tem de ser notificado da cessão para que ela lhe seja oponível [150].

O crédito transferido consiste na prestação laboral, que o trabalhador, por força da cedência, está obrigado a desenvolver sob autoridade e direcção do cessionário. Por força da cedência, o crédito transfere-se de esfera jurídica.

Não cremos que o requisito de licitude da cessão de créditos fixado no n.º 1 do artigo 577.º do Código Civil de que o crédito não esteja, pela própria natureza da prestação, ligado à pessoa do credor, precluda a possibilidade de aproximação da cedência a esta figura. Se o próprio legislador consagrou que o trabalhador pode, em certas situações, ser cedido, admitiu que, pelo menos nessas situações, o desenvolvimento da prestação laboral não tem necessariamente de ocorrer em subordinação ao empregador. Ou seja, admite que aquele poder nem sempre tem de ser exercido pelo empregador [151].

A transmissão do crédito é temporária, e também imperfeita: só dura no espaço de tempo em que a cedência produz os seus efeitos, voltando, automaticamente, a posição contratual do original empregador a ser plena, integrando o poder de direcção em toda a extensão, tal como resulta do vínculo contratual laboral, que se mantém durante todo o período de cedência. Tem lugar, durante o período em que a cedência produz os seus efeitos, uma alteração

---

[150] Estando em causa um contrato de prestações recíprocas, a figura adequada à transferência de situações jurídicas será a cessão da posição contratual, como sublinha ALMEIDA COSTA, *Direito das Obrigações* cit., p. 696. Com efeito, não é só o poder de direcção que é cedido. Como vimos, transmitir-se-ão também situações jurídicas em que o cessionário surge como devedor. Mas como o que verdadeiramente caracteriza a cedência é a transferência daquele poder, não nos parece que esteja absolutamente vedada a aproximação à figura da cessão de créditos.

[151] Com efeito, como sublinham LOBO XAVIER / FURTADO MARTINS, "Cessão de posição (...)" cit., pp. 390-391, nota 8, o contrato de trabalho é comummente apontado como um dos exemplos em que o crédito está, pela própria natureza da prestação, ligado à pessoa do credor. Pelo que a não cedibilidade do crédito à prestação de trabalho é a solução de princípio (como, aliás, resulta do n.º 1 do artigo 26.º). Não obstante, admitem-se "algumas excepções relativamente a cessões temporárias" – são as modalidades de cedência de trabalhadores.

subjectiva da prestação principal a que o trabalhador está adstrito, mas que não implica uma quebra de identidade da obrigação inicialmente assumida.

A transmissão do crédito é, também, meramente parcial. É, como vimos, apenas uma parcela do poder de direcção – o poder de conformar a prestação a ser desenvolvida pelo trabalhador – a cujo exercício é chamado o cessionário.

Pelo exposto, parece possível a aproximação entre a cedência quando o acordo do trabalhador não é configurado como um requisito de licitude e a cessão de créditos.

CAPÍTULO III

POSIÇÃO ADOPTADA

Concluimos, assim, que a cedência assume uma natureza jurídica próxima da cessão de posição contratual ou da cessão de créditos, consoante o acordo do trabalhador seja ou não requisito de licitude.

A aproximação pode ser útil, quando se detectem lacunas no regime específico da cedência. O que será especialmente potenciado pelo facto de o legislador não ter elaborado um regime jurídico próprio que regule as relações entre as partes durante o tempo em que a cedência produz os seus efeitos, tendo fixado esse regime por mera remissão para o regime do trabalho temporário, como vimos.

De qualquer modo, não constituiu objecto do presente trabalho a análise desse segmento do regime da cedência. Cingimo-nos à análise dos requisitos de licitude das várias modalidades de cedência que a lei consagra, tentando delimitar as situações em que, em excepção ao princípio geral de proibição, reconheceu a admissibilidade da cedência.

Ao nível dos requisitos de licitude, estamos em crer que a determinação da natureza jurídica da cedência não poderá acrescentar nada ao regime legal que analisámos. Ou seja, não obstante a cedência ter, em princípio, a natureza de uma cessão de posição contratual ou de uma cessão de créditos temporária, parcial e imperfeita, a nível dos seus requisitos de licitude o legislador brindou-a com um regime completo. Um regime que recorrentemente utiliza conceitos indeterminados, fórmulas vagas ou imprecisas, mas completo, porque esgota todo o universo de situações de cedência possíveis. Isto é, ou a cedência encontra cobertura legal numa das modalidades que a lei consagra, e é lícita, ou tal não acontece, e a cedência é proibida.

A cedência legitima o desenvolvimento de uma relação tripartida. Traduz-se na *cisão temporária da posição jurídica típica do empregador*, sendo que são repartidas por dois sujeitos distintos as situações jurídicas que necessariamente a compõem.

É este o traço fundamental da figura da cedência: a fragmentação da posição jurídica do empregador durante o período em que produz os seus efeitos, sendo que tal posição volta a integrar, em pleno, a esfera jurídica do empregador inicial quando a cedência finda.

É a admissibilidade legal do recurso à cedência que o legislador regulou nas normas que constituiram o objecto da nossa análise. E essa resulta apenas dessas normas. O princípio geral de proibição é aplicável a todas as situações que não estejam previstas nas alíneas do n.º 2 do artigo 26.º. A determinação da natureza jurídica poderá ser operativa noutras áreas do regime jurídico, mas não nesta. Por isso, não nos parece possível, em virtude da limitação do objecto da nossa análise, nem imprescindível, a fixação, em termos definitivos, da natureza jurídica da cedência de trabalhadores.

De qualquer modo, não podemos deixar de assinalar que a consagração da licitude de uma figura que, pelo menos, se aproxima da cessão de créditos, configura uma valoração do legislador laboral que não pode ser ignorada. Temos, portanto, em vista, as situações em que a lei admite a cedência do trabalhador independentemente do seu acordo, pois, nas situações em que o exige, a cedência configurar-se-á como uma cessão de posição contratual, embora com especialidades, cuja utilização não é posta em causa no âmbito das relações laborais. As partes no contrato de trabalho, no exercício da sua autonomia, podem ceder as suas posições, pois nisso acordam.

A situação é substancialmente diversa quando a cisão do estatuto do empregador é admitida sem o acordo do trabalhador. Como vimos, a natureza *intuitu personae* genericamente atribuída ao contrato de trabalho obstaria, em princípio, a essa possibilidade [152].

Mas a lei admitiu-a, ou seja, pelo menos nas situações em que consagrou a possibilidade de cedência sem o acordo do trabalhador, o legislador negou ao crédito sobre a prestação laboral a natureza de incindível da pessoa do empregador. E nesta análise assume especial relevo a possibilidade da cedência em ambiente de grupo, nos termos que atrás ficaram expostos [153].

Deste modo, o legislador consagrou a admissibilidade (pese embora o seu condicionamento a requisitos de licitude) de um esquema negocial que entra em contradição com outros segmentos regulativos do Direito do Trabalho. O sistema revela-se, neste passo, na sua vertente heterogénea: a regulação é informada por valores, plasmados nos princípios gerais que a conformam, divergentes, ou até contraditórios, entre si. Prosseguindo simultaneamente escopos diversos, o legislador consagra soluções aparentemente contraditórias. O carácter marcadamente pessoal do contrato de trabalho não poderia contemporizar com a admissibilidade da cedência. Não é verdade. O contrato é pessoal, e a cedência é, em princípio, proibida. A classificação das normas que consagram a sua admissibilidade, condicionada à verificação de requisitos

---

[152] A natureza *intuitu personae* do contrato de trabalho é o argumento utilizado para rebater a recondução da cedência à figura da cessão de créditos, pois o n.º 1 do artigo 577.º do Código Civil exige, para a licitude da cessão, que o crédito não esteja, pela própria natureza da prestação, ligado à pessoa do credor. Nesse sentido, DIAS COIMBRA, "Grupo societário (...)" cit., p. 130 e ABEL FERREIRA, *Grupos de Empresas e Direito do Trabalho* cit., p. 217.

[153] A Lei n.º 146/99 manteve a solução. Ou seja, o acordo do trabalhador é exigido como requisito de licitude apenas para a modalidade de cedência ocasional não regulada em IRCT, como já acontecia na redacção original do Decreto-Lei n.º 358/89.

determinados, como excepcionais impede qualquer tentativa tentacular que pretendesse estender o âmbito da permissão. O legislador limitou-se a, dentro de limites cuja justificação tentámos encontrar, consagrar um desvio ao que seria o normal desenvolvimento do programa contratual inicial. É a consideração dos objectivos que a lei prossegue naquelas normas e a ponderação das consequências a que a sua aplicação conduz que as legitima. No segmento de regulação jurídico-privada que ocupou o nosso estudo, as proposições jurídicas não valem só por si. Valem porque prosseguem finalidades legítimas e conduzem a resultados que podemos admitir como justos.

CONCLUSÕES

1. O traço típico essencial da cedência de trabalhadores é a transferência temporária do poder de direcção, sem prejuízo da manutenção do vínculo contratual inicial.

2. O legislador perdeu o ensejo de dotar a cedência de trabalhadores de uma disciplina jurídica autónoma e completa, optando, ao invés, por uma remissão para o regime do trabalho temporário.

3. Como princípio, a cedência de trabalhadores é proibida pelo nosso ordenamento jurídico. Cada norma que consagra a licitude da cedência de trabalhadores é *ius singulare*, insusceptível de aplicação analógica.

4. A excepção das situações de formação profissional à proibição da cedência de trabalhadores só opera quando a aplicação do regime da cedência se configure como um instrumento necessário à viabilização de um processo de formação efectivo.

5. É permitida a cedência de quadros técnicos, para o exercício de funções de enquadramento ou técnicas de elevado grau, independentemente do acordo do trabalhador, quando entre cedente e cessionário se mantenha uma associação jurídica com efeitos funcionais ao nível da gestão das respectivas empresas.

6. A cedência de quadros técnicos entre empresas do mesmo grupo traduz uma solução excepcional ditada pela perturbação causada pela presença dos grupos de empresas no âmbito das relações laborais.

7. Nas modalidades de cedência que a lei consagra, é permitida a cedência de um trabalhador vinculado ao empregador/cedente por contrato de trabalho diverso do contrato sem termo, a menos que ela contenda com o regime jurídico, injuntivo, do contrato de trabalho em causa.

8. O acordo do trabalhador só é requisito de licitude da cedência quando ela não encontre cobertura legal numa das outras modalidades consagradas.

9. Nas modalidades de cedência em situação de formação ou em ambiente de grupo, a cedência não tem de se revelar ocasional, ou seja, meramente excepcional. Ao invés, a possibilidade de cedência integra o próprio conteúdo do vínculo laboral que adstringe os trabalhadores abrangidos pelo âmbito das previsões.

10. A cedência regulada em instrumento de regulamentação colectiva do trabalho e a cedência do trabalhador mediante o seu acordo têm como requisito de licitude a ocasionalidade: a cedência só pode ocorrer excepcionalmente no desenvolvimento do programa contratual.

11. Configurado o recurso à cedência como ilícito, o trabalhador tem o direito de optar pelo regresso à sua entidade empregadora ou pela integração na empresa do cessionário.

12. A cedência de trabalhadores configura um *ius variandi* especial, quanto ao objecto – a alteração subjectiva temporária da prestação – e quanto aos requisitos de licitude – mesmo verificando-se os requisitos de exercício daquele poder, a cedência só é permitida nas situações em que a lei expressamente a admite.

13. A cedência reveste natureza jurídica próxima da figura da cessão de créditos, quando o acordo do trabalhador não se configura como requisito de licitude, e do instituto da cessão de posição contratual, quando o acordo do trabalhador assume esse carácter.

14. Ao nível da determinação dos requisitos de licitude, a determinação da natureza jurídica da cedência perde relevância, porque o legislador elaborou, no que a esse ponto respeita, um regime completo.

ÍNDICE BIBLIOGRÁFICO

ABREU, Jorge Manuel Coutinho de – "Grupos de sociedades e Direito do Trabalho", *Boletim da Faculdade de Direito da Universidade de Coimbra*, LXVI, Coimbra, 1990, pp. 124-149.

ABREU, Jorge Manuel Coutinho de – *Da Empresarialidade (as Empresas no Direito)*, Almedina, Coimbra, 1996.

ANTUNES, José Engrácia – *Os Grupos de Sociedades – Estrutura e Organização Jurídica da Empresa Plurissocietária*, Almedina, Coimbra, 1993.

ASCENSÃO, José de Oliveira – *Direito Comercial – Parte Geral*, volume I, Lisboa, 1994.

ASCENSÃO, José de Oliveira – *O Direito – Introdução e Teoria Geral* (10.ª edição), Almedina, Coimbra, 1997.

BOLINA, Helena Magalhães – "O direito à indemnização de clientela no contrato de franquia", *Revista Jurídica*, n.º 21, AAFDL, 1995, pp. 205-222.

CAMANHO, Paula / CUNHA, Miguel / PAIS, Sofia / VILARINHO, Paulo – "Trabalho Temporário", *Revista de Direito e Estudos Sociais*, ano VII da 2.ª série, 1, 2 e 3, 1992, pp. 171-259.

CAMERLYNCH, G. H. – *Droit du Travail* (13.ª edição), Dalloz, Paris, 1986.

CARVALHO, António Nunes de – *Das Carreiras Profissionais no Direito do Trabalho*, dissertação de mestrado (inédita), Faculdade de Direito da Universidade Católica Portuguesa.

CARVALHO, António Nunes de – "*Ius variandi* – horário de trabalho", *Revista de Direito e Estudos Sociais*, ano VII da 2.ª série, 1, 2 e 3, 1992, pp. 133--145.

COIMBRA, António Dias – "Grupo societário em relação de domínio total e cedência ocasional de trabalhadores: atribuição de prestação salarial

134   *Cedência de trabalhadores*

complementar", *Revista de Direito e Estudos Sociais*, ano XXXII, 1990, pp. 115-152.

CORDEIRO, António Menezes – "Da situação jurídica laboral: perspectivas dogmáticas do Direito do Trabalho", *Revista da Ordem dos Advogados*, 1982, pp. 89-149.

CORDEIRO, António Menezes – *Da Boa Fé no Direito Civil*, Almedina, Coimbra, 1984.

CORDEIRO, António Menezes – "Do contrato de franquia («franchising»): autonomia privada *versus* tipicidade negocial", *Revista da Ordem dos Advogados*, ano 48, 1988, pp. 63-84.

CORDEIRO, António Menezes – "Introdução à edição portuguesa" in CLAUS- -WILHELM CANARIS, *Pensamento Sistemático e Conceito de Sistema na Ciência do Direito*, Fundação Calouste Gulbenkian, Lisboa, 1989.

CORDEIRO, António Menezes – "Do levantamento da personalidade colectiva", *Direito e Justiça*, 1989/90, volume IV, pp. 147-161.

CORDEIRO, António Menezes – *Teoria Geral do Direito Civil* (2.ª edição revista e actualizada), volume I, AAFDL, Lisboa, 1992.

CORDEIRO, António Menezes – *Direito das Obrigações*, volume II, AAFDL, Lisboa, 1994.

CORDEIRO, António Menezes – *Manual de Direito do Trabalho*, Almedina, Coimbra, 1997.

CORDEIRO, António Menezes – *Da Responsabilidade Civil dos Administradores das Sociedades Comerciais*, Lex, Lisboa, 1997.

CORDEIRO, António Menezes – *O Levantamento da Personalidade Colectiva no Direito Civil e Comercial*, Almedina, Coimbra, 2000.

CORDEIRO, Pedro – *A Desconsideração da Personalidade Jurídica das Sociedades Comerciais*, AAFDL, Lisboa, 1989.

CORREIA, Luís Brito – "Grupos de Sociedades", in AAVV, *Novas Perspectivas do Direito Comercial*, Almedina, Coimbra, 1988, pp. 379-399.

COSTA, Mário Júlio de Almeida e – *Direito das Obrigações* (5.ª edição), Almedina, Coimbra, 1991.

FERNANDES, António Monteiro – *Direito do Trabalho* (8.ª edição revista e actualizada), Almedina, Coimbra, 1992.

FERNANDES, António Monteiro – *Direito do Trabalho* (10.ª edição), Almedina, Coimbra, 1998.

FERNANDES, Liberal – "Alteração unilateral do horário de trabalho", *Questões Laborais*, ano I, 3, 1994, pp. 161-166.

Índice bibliográfico 135

FERREIRA, Abel – *Grupos de Empresas e Direito do Trabalho*, dissertação de mestrado (inédita), FDUL, 1996.

FERREIRA, Abel – "Grupos de empresas e relações laborais (breve introdução ao tema)", in AAVV, *I Congresso Nacional do Direito do Trabalho*, Almedina, Coimbra, 1998, pp. 283-292.

HORSMANS, Guy – *Les groupements d'intérêt économique*, Academie Bruylant, Bruxelas, 1991.

HUECK, Alfred / NIPPERDEY, H. C. – *Compendio de Derecho del trabajo* (tradução), Editorial Revista de Derecho Privado, Madrid, 1963.

LARENZ, Karl – *Metodologia da Ciência do Direito* (2.ª edição), Fundação Calouste Gulbenkian, Porto, 1989.

MACHADO, Baptista – *Introdução ao Direito e ao Discurso Legitimador*, Almedina, Coimbra, 1989.

MARTÍNEZ MORENO, Carolina – "La circulación de trabajadores entre las empresas de un mismo grupo y los derechos de antiguedad", *Revista Española de Derecho del Trabajo*, 51-56, 1992, pp. 71-88.

MARTINEZ, Pedro Romano – *O Subcontrato*, Almedina, Coimbra, 1989.

MARTINEZ, Pedro Romano – *Direito do Trabalho*, Lisboa, 1994.

MARTINEZ, Pedro Romano – *Direito do Trabalho (contrato de trabalho)*, volume II, Lisboa, 1998.

MENDES, João de Castro – *Teoria Geral do Direito Civil*, volume II, AAFDL, Lisboa, 1979.

OLAVO, Carlos – "O contrato de *franchising*", in AAVV, *Novas Perspectivas do Direito Comercial*, Almedina, Coimbra, 1988, pp. 157-174.

PINTO, Mário / MARTINS, Pedro Furtado / CARVALHO, António Nunes de – *Comentário às Leis do Trabalho*, volume I, Lex, Lisboa, 1994.

REDINHA, Maria Regina – "Empresas de trabalho temporário", *Revista de Direito e Economia*, ano X-XI, 1984/5, pp. 137-169.

REDINHA, Maria Regina – "Da cedência ocasional de trabalhadores", *Questões Laborais*, ano I, 1, 1994, pp. 16-23.

REDINHA, Maria Regina – "Trabalho temporário", *Questões Laborais*, ano I, 3, 1994, pp. 184-188.

REDINHA, Maria Regina – "A mobilidade interempresarial na contratação colectiva", *Questões Laborais*, ano III, 8, 1996, pp. 152-158.

136 *Cedência de trabalhadores*

SALA FRANCO, Tomás – *El ordenamiento laboral español y los limites a la autonomia de las partes y a las facultades del empresario*, Ministerio de Trabajo y Seguridad Social, Madrid, 1987.

VARELA, Antunes – *Direito das Obrigações* (7.ª edição revista e actualizada), volume II, Almedina, Coimbra, 1997.

VENTURA, Raúl – "Primeiras notas sobre o contrato de consórcio", *Revista da Ordem dos Advogados*, 1981, volume III, pp. 615-690.

VENTURA, Raúl – *Novos Estudos sobre Sociedades Anónimas e Sociedades em Nome Colectivo*, Almedina, Coimbra, 1994, pp. 91-127.

XAVIER, Bernardo Lobo – *Curso de Direito do Trabalho* (2.ª edição com aditamento de actualização), Verbo, Lisboa, 1993.

XAVIER, Bernardo Lobo / MARTINS, Pedro Furtado – "Cessão de posição contratual laboral. Relevância dos grupos económicos. Regras de contagem da antiguidade.", *Revista de Direito e Estudos Sociais*, ano XXXVI (IX da 2.ª série), 4, 1994, pp. 369-427.

ÍNDICE

Nota prévia 5
Modo de citar e abreviaturas 7
Introdução 9

PARTE I
REGIME JURÍDICO DA CEDÊNCIA DE TRABALHADORES

Capítulo I – Princípio geral de proibição da cedência 15

1. Delimitação conceptual da cedência de trabalhadores 15
2. Âmbito do princípio de proibição 20

    2.1. A alínea b) do n.º 2 do artigo 26.º, revogada pela Lei n.º 146/99 – uma falsa excepção ao princípio 21

Capítulo II – Modalidades de cedência 29

Secção I – Cedência em situação de formação 29

1. Situações de formação profissional 29
2. Instrumentalidade da cedência face à formação 32

Secção II – Cedência em ambiente de grupo 37

1. Empresas entre si associadas ou pertencentes a um mesmo agrupamento de empresas 38

    1.1. A Empresa 38
    1.2. Associação ou agrupamento 41

2. Quadros técnicos 47
3. Exercício de funções de enquadramento ou técnicas de elevado grau 50
4. A *ratio* do preceito 53

138   *Cedência de trabalhadores*

Secção III – Cedência ocasional 57
  Subsecção I – A ocasionalidade 57
  Subsecção II – Cedência ocasional regulada em IRCT 63
  Subsecção III – Cedência ocasional com o acordo do trabalhador   67
  1. Requisitos substanciais de licitude 68
    1.1. Vinculação do trabalhador ao cedente por contrato de trabalho sem termo 68
    1.2. Cedência no quadro da colaboração entre empresas jurídica ou financeiramente associadas ou economicamente interdependentes 73
      1.2.1. A relação entre cedente e cessionário 73
      1.2.2. A dispensa do requisito, quando o cedente seja uma ETT 76
    1.3. Acordo do trabalhador 84
      1.3.1. O âmbito de aplicação do requisito 84
      1.3.2. Não vinculação contratual do trabalhador ao cessionário 88
      1.3.3. A limitação da liberdade de trabalho 89
  2. Requisitos formais de licitude 92
  3. Consequências da ilicitude 96
Capítulo III – Conceito de cedência 99
  1. Traços fundamentais do regime jurídico 99
  2. Ocasionalidade como requisito de duas das modalidades de cedência de trabalhadores 100
  3. O conceito de cedência de trabalhadores 102

PARTE II

NATUREZA JURÍDICA DA CEDÊNCIA DE TRABALHADORES

Capítulo I – A cedência como *ius variandi* especial 107
  1. Conceito e requisitos do *ius variandi* 109
  2. Objecto do *ius variandi* 116
Capítulo II – A cedência como cessão de posição contratual ou cessão de créditos 121
Capítulo III – Posição adoptada 127
Conclusões 131
Índice bibiliográfico 133
Índice 137